金融科技的未来

金融服务与技术的融合

The Future of FinTech

Integrating Finance and Technology in Financial Services

［意］伯纳多·尼克莱蒂（Bernardo Nicoletti） 著

程华 译

人民邮电出版社

北 京

图书在版编目（CIP）数据

金融科技的未来 ： 金融服务与技术的融合 ／（意）
伯纳多·尼克莱蒂（Bernardo Nicoletti）著；程华译
. -- 北京 ： 人民邮电出版社，2018.10（2021.1重印）
ISBN 978-7-115-49233-3

Ⅰ．①金… Ⅱ．①伯… ②程… Ⅲ．①金融—科技发
展—研究 Ⅳ．①F83

中国版本图书馆CIP数据核字(2018)第200736号

Translation from the English language edition:
The Future of FinTech
Integrating Finance and Technology in Financial Services
by Bernardo Nicoletti
Copyright © Bernardo Nicoletti 2017
This Palgrave Macmillan imprint is published by Springer Nature
The registered company is Springer International Publishing AG
All Rights Reserved

内 容 提 要

金融科技方兴未艾，传统金融机构如何应对眼下这种颠覆性的科技变革呢？

《金融科技的未来》一书作者伯纳多·尼克莱蒂通过分析全球视野下的金融科技产业领域的生态
情况，为传统金融机构和金融科技初创企业更好地理解金融科技产业的发展路径提供了建设性的指
导。同时，作者从战略管理角度，提供了一个商业化模型，指出了金融科技企业在构造创新、有效、
经济和前瞻性框架过程中应采用的流程和资源，强调了技术、以客户为中心和战略性伙伴关系这几个
成功的关键要素，以期帮助传统金融机构改进战略，应对变化，与时俱进。

本书适合金融行业的从业人员、IT 行业的科技人员及各级管理者阅读，也适合高等院校商学院、
管理学院的师生以及对金融科技感兴趣的读者阅读。

◆ 　　著 ［意］伯纳多·尼克莱蒂（Bernardo Nicoletti）
　　　　译 程 华
　　责任编辑 李宝琳
　　责任印制 焦志炜

◆ 人民邮电出版社出版发行　　　北京市丰台区成寿寺路 11 号
　　邮编 100164　　电子邮件 315@ptpress.com.cn
　　网址 http://www.ptpress.com.cn
　　北京虎彩文化传播有限公司印刷

◆ 开本：700×1000　1/16
　　印张：16.5　　　　　　　　　　　2018 年 10 月第 1 版
　　字数：300 千字　　　　　　　　2021 年 1 月北京第 6 次印刷
　　著作权合同登记号　图字：01-2017-9204 号

定 价：88.00 元
读者服务热线：（010）81055656　印装质量热线：（010）81055316
反盗版热线：（010）81055315
广告经营许可证：京东市监广登字 20170147 号

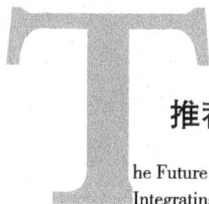

推荐序

The Future of FinTech:
Integrating Finance and Technology in Financial Services

中国普惠金融研究院院长　贝多广

　　是普惠金融的需求引发了金融科技的发展，还是金融科技带动了普惠金融的实现，这可能是一个见仁见智的问题。不过，不争的事实是，在全球普惠金融事业风起云涌之际，金融科技推波助澜，展现出了史无前例的蓬勃生机。今天，如果人们在谈论普惠金融话题时不联系金融科技，就显得缺乏眼光；同样，如果在谈论金融科技时不涉及普惠金融则显得没有情怀。总之，在这个普惠金融蓬勃发展的时代，金融与科技已经像一对孪生兄弟一样难分难离。无疑，这是人类的幸事。金融科技极大地提高了金融服务的可触达性，并大幅度降低了交易成本，在相当规模上缓解了普惠金融发展过程中服务"中小微弱"与商业可持续之间的矛盾，也就是实现了商业绩效与社会绩效的双重目标。

　　从历史上看，技术进步总是不断地推动金融的变迁。在 21 世纪里，以人工智能为代表的数据处理能力、以互联网为代表的数据传输能力以及以移动终端（手机）为代表的数据收发能力，开始从根本上重塑金融服务业供求双方的行为方式。在金融服务供应商方面，传统金融机构通过自身投入在组织结构、产品设计和消费者体验的改进方面进行着主动或被动的调整和尝试；与此同时，为数不少的金融科技企业依托技术优势和创新精神咄咄逼人地提供着新型的金融服务，尤其是在普惠金融领域。商业银行、证券公司和保险公司等持牌金融机构通过构建网站、设立线上营销渠道、新设网络金融部门、推出移动App 等一系列手段迎合着金融科技带来的变革。最近，一家超级银行干脆将其雄厚的科技团队分出来，成立了专业的金融科技企业，试图引领这场金融加科技的大势。相信其他有条件的银行也会如法炮制。当然更为抢眼的是，以百度、阿里、腾讯、京东（BATJ）为代表的在互联网平台上成长起来的创业型企业，从搜索引擎、电商、社交等领域延伸到金融服务领域，在支付、融资、理财乃至征信诸方面深刻影响了原有的金融生态。坦率地说，这种影响既可能是补充性的和拓展性的，也可能是挑战性的和冲击性的。我们观察到，这两股力量既有竞争也有合作。从趋势来看，我们期待传统金融机构与新型金融科技企业之间出现更多具有实质性的伙伴合作模式。

在中国金融体系中还有众多中小银行、农信社等金融机构，它们如何顺利适应金融科技浪潮，特别在推进普惠金融业务过程中，如何引入综合性的金融科技解决方案拓展它们的数字化服务，这是非常现实但又有点棘手的问题。与大机构相比，中小金融机构的弱项是难以承担巨额科技投入、引进科技人才较难及探索新业务的试错成本太大。对于这些机构，金融科技企业恰好可以提供助力。可以预料，未来在中小金融机构与金融科技企业之间，将会出现更高频次的合作、互补、融合甚至购并。

当此之时，这本《金融科技的未来》中文版的推出，非常具有现实意义。本书会给读者带来至少以下两点收益：第一，作者丰富的金融实践和咨询顾问的从业经验，赋予了本书非常实用的内容，对于金融从业者，尤其对于管理者而言，这是一本不错的参考书；第二，整本书贯穿着作者对金融机构数字化转型和金融科技未来发展趋势的思考，作者基于全球视野，特别是发达国家的视野，提供了行业的和企业的案例分析，这是考察这个领域前沿动向的重要素材。

本书译者程华女士任职于中国人民大学经济学院，对网络产业经济学和互联网金融有着深入独到的研究。她也是中国普惠金融研究院的高级研究员。她担任本书的翻译，非常合适。

2018 年 5 月 19 日

T 译者序

The Future of FinTech:
Integrating Finance and Technology in Financial Services

　　金融科技的未来将是怎样的？这正是在经历了一番互联网金融的发展热潮之后监管日趋严格的背景下，中国的互联网金融从业者和转型中的传统金融机构需要认真思考的问题。这本书的副标题——"金融服务与技术的融合"，似乎给出了答案，但是，已在人类经济生活中存在了几百年的金融体系，与移动互联网、云计算、大数据和人工智能等这些崭新的信息技术的交融之路，必然充满冲突和曲折，需要各方人士的创新与智慧。初创的金融科技企业如何成为金融体系的真正构成部分？传统的金融机构尤其是大型金融机构在数字化转型过程中如何成为"会跳舞的大象"？如何通过合作和开放让金融科技企业为传统金融机构赋能？这些都是全球范围内金融科技领域正在思考和探索的问题。

　　本书作者伯纳多·尼克莱蒂（Bernardo Nicoletti）是一位资深的企业咨询专家，同时他也在意大利罗马第二大学任教，近年来他专注于金融科技企业与金融机构数字化转型方面的工作，2010 年以来出版了《金融科技：演化还是革命》《移动银行》等多部关于金融科技的著作。2017 年出版的这本《金融科技的未来》，非常能反映作者横跨学界和业界的特征——既在学术层面勾勒了金融科技的整体构成和历史发展脉络，给出了金融科技企业运营的商业模型，同时又在实践层面介绍了大量的案例及富

1

有指导意义的商业运营策略。

正如作者在书中所指出的，中国是一个金融科技发展较快、较为聚集的区域。过去的十年间，中国的互联网金融是由蚂蚁金服、腾讯金融、京东金融等这些初创的具有 IT 背景的企业所主导的，它们所提供的线上线下支付、小额贷款、消费金融、互联网保险和投资理财服务极大地改善了金融消费者的体验，同时也对银联、银行和保险公司等传统金融机构的业务形成了一定的冲击。这些新型的金融科技初创企业就像一条条"鲶鱼"，搅动了规模庞大、监管严格的金融体系，使所有的从业者都意识到金融业数字化转型时代的到来。本书作者把金融科技定义为由使用新型金融技术支持和提供金融服务的组织构成的产业，从主体形态上分为了初创型企业、运用现代金融技术对企业进行改造的传统金融机构和初创型企业与传统金融机构通过金融或技术合作而衍生的企业三种类型。如果说，过去的几年是初创型企业引领中国金融科技发展潮流的时期，那么随着传统企业的觉醒和监管规制的加强，后两种形态将成为主导今后中国金融科技发展的主流形式。事实上，近期我们已经很高兴地看到 BATJ 与四大国有商业银行签订了战略合作协议，中国建设银行全资成立了建信金融科技公司，同时大型的互联网金融平台也提出了开放、合作、赋能的未来发展方针。

"创新"是本书出现频率最高的词汇。在企业运营层面作者从四个维度阐述了金融科技创新的内容：产品创新、流程创新、组织创新和商业模式创新。这是四个层层递进的创新维度，作者告诉我们在很多情况下如果没有组织形式和商业模式的创新作支撑，真正以客户为中心的产品创新和流程创新就很难实现。应该说，这一观点对于我国目前传统金融机构的转型是非常有启发意义的。关于影响金融科技创新成功的重要因素，作者给出了一个"CLASSIC"模型，详细阐述了七个方面的内容：以客户为中心、低利润率、敏捷性、可扩展性、安全管理、创新和易合规。作者非常精准地抓住了金融产业的信息化与其他产业信息化的重要差别，那就是

"监管"。由于广泛外部性的存在，对金融领域的严格监管成为保障国民经济顺畅运行不可或缺的方面。金融科技的创新恰恰带来了新产品、新流程和新模式，对现有金融监管体制和法律提出了挑战。无论如何，政府层面会严密关注金融科技的风险和合规问题，尤其在中国，P2P 网络借贷、现金贷等行业的快速发展已经带来了消费者权益受到侵害和局部金融风险的问题，政府表现出坚定地进行牌照管理和穿透式监管的姿态，因此在今后相当长的一段时间，中国的金融科技创新企业需要加倍关注本书作者所提出的"易合规"这一关键成功因素。

如果比较中国和美国这两个金融科技发展最活跃的国家，我们会发现一个差别。中国的互联网金融是由蚂蚁金服、腾讯金融和京东金融这样的综合性大型平台企业主导的，而美国则是由数量众多、业务专一和规模不大的金融科技类企业在支撑。在平台型金融科技企业的生态中，存在着广泛的直接网络效应、间接网络效应以及跨边网络效应，众多的用户、金融产品和金融服务机构被聚集在一个平台上，消费者可以非常便捷地享受一站式的全方位金融服务。就像苹果、亚马逊、Facebook、谷歌在近十年来依托平台式的经营模式引领了全球的产业创新一样，作者也意识到，金融科技的未来发展也必然是平台型企业大有作为的时代，因此在本书的最后一章，作者描述和展望了金融科技服务平台的未来。

本书是一位深深地耕耘在金融科技领域的实践者、指导者和思想者的作品。在本书中，作者并没有试图面面俱到，但毫无疑问，他论述了目前这个行业最前沿和许多人最关心的话题，给出了应对之策。因此，这本书对于试图了解金融科技的学生、研究者，对于已经和将要涉足这个领域的经营者、管理者，都是一本不错的应时之作。

程　华

2018 年 5 月 1 日于中国人民大学明德楼

致谢

The Future of FinTech:
Integrating Finance and Technology in Financial Services

本书是近年来我关于金融服务的研究成果的集合，能够出版面世得益于许多人的支持。

首先，我要感谢意大利罗马第二大学的盖斯特沃·皮歌（Gustavo Piga）教授、克拉德·瑟鲁提（Corrado Cerruti）教授和安得利·阿泊勒尼（Andrea Appoloni）教授。此外，还要感谢该校的吉安·马克·巴雷梯（Gian Marco Balletti）博士，他在攻读博士期间帮助我搜集和评估了基本素材。

我要特别感谢帕尔格雷夫麦克米兰出版社的艾米·蒂本斯（Aimee Dibbens）女士，感谢她的支持和鼓励。这套系列图书涉及的领域从移动银行开始，随后是数字保险，现在呈现给大家的是金融科技。

当然，我也要感谢我的家人，没有他们持续的帮助和耐心，我就无法完成本书。

伯纳多·尼克莱蒂

T目录

The Future of FinTech:
Integrating Finance and Technology in Financial Services

The Future of FinTech
Integrating Finance and Technology in Financial Services

第一章

开篇介绍

　　"Financial technology"（金融科技）常被简称为 FinTech，目前是一个极为热门的流行词。金融科技以客户为中心，提供快捷而灵活的金融服务，如今已经在全球迅速普及，与传统金融服务形成竞争之势，并极大地改变了消费者的期望和参与度。数字化的视角意味着通过智能手机、掌上电脑等科技设备实现信息获取的及时性和完整性，意味着万物互联（物联网）的趋势，而消费者则对这种数字化的感受乐此不疲。

　　传统金融组织，如银行和保险公司，也正在改变，它们试图缩小与金融科技先行者之间的技术差距。但是，转型和创新之路充满艰辛，陈规旧习未被彻底革新，僵化的商业模式仍然是一个主要的遗患。

　　金融科技企业正致力于"创新式脱媒"过程：大数据、区块链、机器人投顾和物联网，以及数字渠道和移动设备的高效开发，是撬动此次金融服务产业变革的杠杆。基于上述技术的市场解决方案，拥有前瞻性策略和开拓性商业模式的支持，极具创新性的市场附加值。

　　本书有双重目标。一方面，本书不仅洞察金融科技的演变、状态和主要创新，而且提供一些成功企业的案例，以此勾画金融科技行业的整体轮廓。另一方面，本书也试图向企业和其他组织提供一些指导性原则，这些原则贯穿在本书所有章节所呈现和应用的商业模式中。其中，分析意大利 B2B（Business to Business）金融科技企业的第八章，完整地呈现了这种模式。

The Future of FinTech
Integrating Finance and Technology in Financial Services

第二章

金融与金融科技

一、引言

金融科技组织，其中主要是一些初创型企业，正在重构金融行业。这些企业以前瞻性战略及前沿性商业模式为支撑，提供以客户为中心的及时的、灵活的服务。

本章将勾勒尚处于碎片化状态的金融科技行业的整体框架。

首先，本章将回顾金融科技兴起的历史，以及这个过程中标志着其发展路径的不同浪潮。金融科技的兴起依赖于很多因素，包括数字化转型的供给侧因素和生活方式转变的需求侧因素。2008年金融危机也在推动对传统机构更严格的监管和消费者对于传统金融机构的不信任方面扮演了重要角色。

其次，本章提供了对金融服务行业的整体观察，认为金融科技企业正以脱媒化为目标对传统金融机构进行"瓦解"。

最后，本章分析了全球范围内最重要的金融科技区域和生态，以及整个行业的可能发展方向和演变趋势。

二、变化中的环境

最近几年，银行与金融产业都发生着巨大的变化。导致这一变化的原因是多重的：2008年的金融危机、现有机构不断增强的监管以及消费者的社交和行为变化。当然，数字化转型是金融科技背后最重要的催化剂。

金融危机、监管与信任

2008 年的金融危机引发了一系列金融服务领域的巨大变化。首先是人们认识到了主要的金融机构的活动能引发系统性风险，这直接带来了各种风险量化指标的发展，监管方给出了降低这些指标的方向以及强制性行动方案。特别是基于对单个金融主体可能引发系统性风险这一认识的形成，系统性重要金融机构（SIFIs：systematically important financial institutions）的概念被创造出来。巴塞尔银行监管委员会（BCBS：Basel Committee on Banking Supervision）为此提高了准备金的要求。简言之，监管方要求许多公司去验证和提高偿付能力。这种监管强化导致了金融机构的双重负担：一方面，强制性提高拨备直接导致了规模收缩；另一方面，社会舆论认为它们是金融危机的罪魁祸首。

当全球经济逐步从危机中恢复，许多消费者，特别是年轻一代，或者说千禧一代，已经失去了对传统金融服务的忠诚，因为他们认为，金融机构是金融和经济危机的根源。更加糟糕的是，为了避免破产，各种机构还在不断地注入流动性或者投入公共资金。如果银行连自己的流动性都无法管理好，那么我们为什么要接受它们的投资建议，无比信任地把存款交给它们呢？新老消费者都渴望远离传统机构，期待着新型机构的出现。这些机构没有涉及近年来的危机，能够提供创新性的金融服务解决方案。

从消费者到金融服务的用户

由于对金融服务的态度比较消极，年轻一代呈现出与老一代人完全不同的消费习惯。他们更注重个性化需求和定制化解决方案，这与银行和其他传统金融机构的大众化市场模式形成鲜明对比。传统模式的消费者只消费那些已被提供的服务，而新型的消费者则是越来越多地使用自己选择的金融服务。传统消费者是被动的，他们满足于从有限的或者事先设定好的选项中进行选择。新式消费者是主动的，他们期望获得能够满足个人需求的解决方案。资产管理就是一个很好的例子。一个银行网络向多数消费者提供相同的储蓄产品以实现规模效应，但新型用户则期望获得适应其个人需求和投资目标的灵活解决方案。匹配产品或服务与消费者的期望需要更紧密的大规模互动，而数字化平台提供了这种可能。

许多金融科技企业从外围瞄准了年轻一代，这一代人习惯于数字化的、可以互动的定制化解决方案。当然这一策略并非没有风险。一般来说，年轻人拥有较少的资产，与富有金融资产及储蓄能力的最年长一代相比，这种差距更大。为了实现商业上的可持续性，金融科技企业需要快速吸引大量资产，了解两个关键的因素：年轻消费者的数量和单个消费者的平均资产数量。即使吸引了数量众多的年轻消费者，但只要他们仍然是低净值的状态，金融科技企业就难以获得利润。一种可能的情况是，金融科技企业有时间与年轻一代消费者的资产一同增长，最终实现盈利。但这不能保证到那个时候那些金融科技企业还能留住这些用户，因为随着年龄增长，年轻的消费者面临更加复杂的投资理财挑战。诸如机器人投资顾问等这些近年来兴起的方式或许只能满足基本的投资需求，但不适应更复杂的投资需求。机器人投资顾问对低净值客户规避风险的投资需求是非常理想的，服务价格也比银行低廉，但传统机构则向高净值、需要专业服务的人群提供服务。一旦年轻客户成长为有利润前景的用户群体后脱离金融科技企业，那么后者的盈利将非常困难。

已有的金融科技企业正致力于重构消费者关系和创新金融服务方式，机器人投资顾问这样的解决方案只是其中一个例子。目前只有私人银行的消费者接受这种类型的服务，不久的将来，随着金融科技的不断发展，更大范围的消费者可以被容纳进来。在某种意义上，这是行业巨头可以在消费者向用户转型过程中生存下来的唯一办法。

金融服务：问题和挑战

过去几十年中，欧洲金融业累积了大量亏损。意大利政府正在制定一个 500 亿欧元的银行救助计划。自 2011 年的蔓延性危机爆发以来，意大利银行业共计发生了近 500 亿欧元的净亏损。苏格兰皇家银行自危机开始已经累计亏损 480 亿欧元。德意志银行也遭受着持续和严重的利润收缩，其 2015 年财报显示了创纪录的 68 亿欧元的亏损。其他大型银行，如德国商业银行和瑞士信贷银行也发生了财务问题。更加明确的是，瑞士金融机构 2015 年关闭了净亏损达 26 亿欧元的账户，它们于 2000 年收购的投资银行 DLJ 由于大幅减值 35 亿欧元，已经成为一个严重的负担。

由于负的外部性影响的存在，金融产业的稳定对于实体经济的运行非常重要。近些年的全球危机已经充分揭示了不良金融体系，特别是失败的金融体系所产生的负面影响。由于信息不对称，小企业可能无法获得资金来实施自己的计划。拥有储蓄的消费者可能推迟其投资计划，甚至对于支付系统来说，如希腊所发生的那样，也可能出现危机。

针对上述事件，监管机构已经在转向：

- 新的偿付能力监管；
- 提高资本金要求；
- 聚焦于金融行业的结构性改革。

对金融行业稳定性的需求导致了这些趋势的出现，即使在危机或萧条时期也如此。在某些事件中，大量亏损由政府或中央银行承担，当然包括欧洲中央银行（European Central Bank，ECB）。如果没有公共资金的救助，这些金融机构将承受巨额亏损，实体经济也会受到严重打击。这些金融机构远远没有达到危机前的盈利水平，新的正在变化的困难迅速带来亏损，但其采取的措施似乎并没有效果。

新的挑战不断涌现：

- 金融科技创新的持续增加；
- 强调稳定性的监管不断增强。

因此，传统金融机构开始采取效果显著的措施，如削减成本。削减成本曾是应对利润下降的传统手段。通过缩减员工人数和物理网点数，降低销售、一般性成本和管理成本及运营费用，传统金融机构期望获得可持续的危机前利润水平。

来自三巨头的数据揭示了金融机构为了恢复增长在成本削减方面所做的各种努力。德意志银行已经宣布裁减 9 000 名正式员工和 6 000 名合同制员工，以及销售和外包业务领域的 20 000 名工作人员，其首席执行官约翰·奎恩（John Cryan）表示，这到 2018 年将节省 38 亿欧元的成本。意大利联合信贷银行，作为改革内容的一部分，将减少 18 200 个工作岗位，到 2018 年节约 18 亿欧元。另外，巴克莱银行将在全球范围内减少 1 000 个投行的工作职位。

以客户为中心

传统金融机构近年来遭受巨大损失的主要原因在于陈旧的商业模式。这些模式是为传统的市场所设计的，但消费者却已经改变了他们的需求。一方面，尽管金融服务机构试图建立与客户的紧密关系，但却又未赋予与其需求相适应的优先权。它们的产品和服务仍然缺乏消费导向。对于店铺、呼叫中心所提供的服务与建议在效率方面的抱怨司空见惯。而另一方面，这些机构却依然为自己的透支或者不断增加的非困难性操作收取高额费用。

金融机构已经意识到消费者在其业务中扮演的重要角色，同时也感知着快速变化的新环境对其根本性改变的诉求。这个过程，一旦开始，一定充满挑战。陈规旧习、固有文化、对改变的抵触、代理成本以及信息的不对称等，都必定使这条路异常艰难。另外，还存在着一种今日更甚于以往的危险，过程本身可能模糊了主要目标——通过以客户为中心的转型获得可持续的增长以及超过平均水平的利润。

倾听客户的声音非常重要。根据 Transfer Wise^① 的调查，导致消费者选择金融科技企业而放弃银行的五个主要原因是更加安全（34%）、更加便宜（29%）、更加方便（26%）、更加快捷（18%）和更加良好的用户体验（18%）。

在新的环境下，新方法起着至关重要的作用。新金融产品及其监管的发展不仅改变了消费者的需求和愿望，也改变了满足他们的手段。

麦肯锡公司开发了一个转型为以客户为中心的组织的管理流程。

- 愿景和定位："创造一个消费者乐于存款且员工引以为荣的机构。"
- 吸引消费者模式："提供超出消费者期望的服务，激发消费者热情。"
- 发展规划："设计一体化的发展规划，推动短期盈利和长期增长。"
- 组织、能力和洞察力："打造保持发展势头所必需的富有洞察力的引擎、组织能力和治理结构。"

---

① Transfer Wise 是一家成立于 2011 年的提供国际汇款转账服务的 P2P 平台。——译者注

三、数字化转型

一个应对今日挑战的有力办法是向数字化转型。金融服务行业在这方面是落后的，然而也有一些例外。高频交易和相关的套利策略是新技术带来的一个很好的例子。跟踪市场价格在极短时间里的变化，基于统计规则构建套利策略，在价格极短期的变化中快速进出而获利，已经成为一种常见的金融实践。在这个例子中，数字化转型的最重要侧面是在交易中以事先未知的速度处理一系列重复性任务的能力。长久以来，以系统性的方法执行这些任务的高额成本阻碍了它们的传播。获取和处理信息通常并不可行，因为非常昂贵，这造成了新进入者的障碍。此外，特别是在资产管理行业，最早（第一阶段）的数字化转型仅影响了业务供给的一方，并没有对分发产生影响。从金融服务网络中购买一份投资基金的投资者持续收到的是关于储蓄收益的标准化定期报告。这些报告很少考虑到他们特殊的投资目标（养老基金以及为未来购买房产而进行的投资）或者他们投资组合中的其他资产内容。

数字化转型的第二个阶段与金融科技的兴起有关，其影响是非常深远的。这个转型阶段开始于能够提升整个价值链的解决方案可行性的增加。近年来的信息通信技术（Information and Communtications Technology，ICT）不仅为生产端（数据库、决策工具）也为产品和服务的分发（数字化渠道、消费者素养、良好的消费体验以及消费需求的灵活性）提供了解决方案，这些进步为新进入者提供了空间，它们以低于传统金融机构的成本占据了一些较小的市场，满足了年轻一代所寻求的互动和定制化的市场诉求。

在生产端，投资管理者们不断地使用复杂的大数据分析和风险管理工具创造出新产品，而最大的变化在分销端。客户，或者本书上文所说的服务使用者，得到了基于其个性化需求的解决方案。为了做到这些，分销者必须尽可能多地了解他们的用户，更多地使用通过密切关注用户整体生活方式而搜集到的度量指标和量化信息。在金融服务中，很长时间以来，由于信息获取成本高昂，用户关系管理一直被认为是大型金融机构的专利。而现在，新进入者和其他非金融机构（如通信公司、连锁零售店，特别是电子商务企业）可以利用新兴技术向潜在的和现有用户群体提供新的服务。他们能够更容易地建立起新的用户基础，因为相比于标准化产品他们更青睐定制化服务。在资产管理行业，数字化转型的第二个阶段同时影响了生产和分销领域。例如，通过统计推断用户收入水平，以及月度支出状况，一个资产运营者可以计算出其每月储蓄数额并提供合适的投资战略。大量用户的存在使这些分析方法尤其有效，因为其可以基于过去同一领域的已有用户数据模拟新进入者的行为。同时，还可以基于客户特征预测其未来的行为。金融机构能够使用这些信息提供定制化方法和良好的用户体验。

四、金融科技的定义

"金融科技"一词由两个互补领域的词合成而来：金融服务和基于先进技术的解决方案。由于金融科技所覆盖的业务的广泛性，经济文献无法给出一个确切的定义。在《牛津辞典》里，金融科技被定义为"用于支持和提供银行及金融服务的计算机程序与其他技术"。维基百科则把金融科技定义为"通过使用软件提供金融服务的一系列金融业务。金融科技企业创业的目的通常在于打破现有金融体系和公司较少依靠软件的状态"。

为了切合本书的目标，我们给出一个含义广泛的定义：借助于通信和信息技术，通过创新的和颠覆性的商业模式所进行的主动性金融服务。一个更简单的定义是，金融科技是由使用新型金融技术支持和提供金融服务的组织构成的产业。

关于定义，有两个需要考虑的主要方面——定义的主题和范围。

- 不要仅仅把金融科技视为创业者构成的生态。虽然这个词语常常和创业连在一起，但这是因为在金融服务中使用先进的数字解决方案是一个很时髦的潮流。我们需要注意，成熟和正在成熟的传统企业也开始了金融技术的业务转型，它们已经在使用线上或移动服务。

- 定义金融科技的范围需要更多的细节。本书提供了一个典型的金融科技业务模式，它帮助我们理解为什么有些创业比另一些更加成功。重要的是要明白，金融科技的解决方案非常复杂并事关监管，多个不同利益相关者牵涉其中。

金融科技的发展覆盖了非常广泛的金融领域。借贷俱乐部（LendingClub）是全球最大的P2P（Peer-to-Peer，个体对个体）的借贷平台，它直接连接借款人和投资人，提高了信用的可获得性以及投资的回报，是一种全新的贷款模式。

Kickstarter是一个为创意性项目筹资的巨大平台，它极大地降低了起步阶段和简单项目获取外部资金的门槛。Wealthfront则是一个金融和自动化融合的平台，它可以提供基于复杂算法的资产管理服务。CommonBond是为本科生和研究生的学生贷款提供再融资的平台，致力于降低学生贷款的成本，可以为每笔贷款节约平均14 000美元的成本。上述例子描述了一个清晰的状态，即金融科技企业正在威胁传统的金融服务业，它们提供了更具创新性的以用户为中心的商业模式。这些富有争议的企业正在侵蚀传统金融企业的市场份额和利润，因此后者更需进行反思并改变策略来获得市场竞争力。

但是金融科技企业的创业并不容易。纽约法学院的法学教授霍曼·沙德卜（Houman Shadab）说："金融科技不同于其他领域的创新，因为金融业受到严格的规制，并且由相对数量较少、组织严密的企业构成。"他指出，现代经济模式对金融科技创新形成了很多威胁。本书后面的章节将专门阐述这一话题，讨论金融科技企业在创业早期所面临的主要障碍和瓶颈。

五、金融科技的发展历史

金融科技是一个现代概念，其发展可以追溯到 19 世纪，即 1838 年电报的使用和 1866 年第一条海底跨洋电缆的成功铺设。这两项技术创新奠定了 19 世纪晚期金融全球化的基础。在当前的物联网时代，已经很难想象那种信息跨洲、跨地区传输极为困难的无连接世界。在跨洋电缆完成以前，欧洲和美洲的通信依靠船来完成，除了时间较长，还面临着暴风雨和船舶倾覆造成信息传达延迟的风险。这两项创新对于金融的意义是不言而喻的。

银行是最早采用电脑的行业之一，最早的电脑商用框架就是为一家银行设计的。采用这一手段，银行加强和加快了早已存在的内部操作流程。

自动取款机（Auto Teller Machine，ATM）被认为是 20 世纪最重要的金融技术发明创新。得益于这一机器的出现，金融服务变得更为便利，人们不再被银行柜台所束缚。

1967 年 6 月 27 日，巴克莱银行在英国恩菲尔德设置了世界上第一台自动取款机，人们通过这台电子通信设备可以确确实实地进行金融交易。ATM 是金融领域应用新技术的成果之一，在客户和金融机构之间用自动设备替代了人工，这大大降低了金融机构的服务成本。

　　ATM 的出现从某种角度上说开创了金融科技时代。ATM 是第一个显示了科技与金融之间内在联系的发明，在此之后，科技与金融的关系事实上是在逐渐疏远的。金融产业数字化的道路尚在开放之中，直到 20 世纪 80 年代后期，至少从消费者的视角看，金融仍然是建立在模拟技术之上的。

　　阿纳等人认为基于下面两个原因，1987 年是金融科技产业发展的转折点。

- 奥利弗·斯通导演的电影《华尔街》塑造了一个使用移动手机的投资银行家的典型形象。
- "黑色星期一"发生的股市暴跌。这场灾难始于中国香港，迅速蔓延至欧洲和美国，导致其发生的一个原因被认为是程序交易：基于事先设定的条件自动执行的一揽子股票交易。简而言之，当价格达到阈值，计算机自动进行股票买卖。

　　"黑色星期一"的发生揭示了科技与金融之间的密切联系及潜在风险，这引起了监管者的高度关注，他们为此制定了新的规则，重新梳理了补偿协议，以保持相关金融产品的一致性。为了控制价格波动的幅度，纽交所引入了熔断机制和程序交易的限制性规定，并持续致力于合作机制的培养。

　　金融领域从模拟技术向数字技术的变迁始于 20 世纪 90 年代。万维网的发展以及美国的富国银行和欧洲的 ING 集团在互联网银行方面的尝试是这一变迁的标志性事件。此外，传真、电子邮件和即时通信工具对电报的替代大大推进了通信的便利性，金融业进入到一个全球间紧密关联的时代。

进入 21 世纪，金融业无论从外部还是内部都开始了完全数字化的进程。信息通信技术领域的投资显示了其与金融之间的关联性。

传统金融机构面对着金融科技企业的直接竞争。2009 年中本聪发明了一种新类型的数字货币"比特币（Bitcoin）"[①]。

未来充满更多的不确定性。金融领域的创新极为活跃，而传统金融机构未必可以成功转型。从目前来看，正如专家、学者和实践者们所说的，金融科技创新创业将持续增长。

20 世纪 90 年代，花旗银行（后因为花旗银行与旅行者集团合并改名为花旗集团）开发了一个项目，目的是推动企业与外部的技术合作。这个项目的官方名称是"金融服务技术联盟"，金融科技（FinTech）是这个项目的合成说法。目前，这个概念的外延已经发生了变化，不再仅指具体的金融类创业企业或组织，而是一个综合性的概念，也包括为金融赋能、强化甚至颠覆金融的技术性创业企业。从这个意义上讲，金融科技这个概念涵盖以下方面：

- 初创型企业；
- 传统金融机构对现代金融技术的运用；
- 初创型企业与传统的金融或技术类公司的合作。

金融科技发展阶段

区分金融科技演化的三个主要阶段非常重要。1866—1967 年，至少在

---

① 比特币是由技术黑客基于区块链技术并使用加密技术发明创造出来的一种私人数字货币，不具法定性，这类数字货币本质上是一种非货币权益类数字资产。由于它完全处于受管制的环境之外，有可能成为非法交易、洗钱、逃税的工具，所以对金融稳定有潜在威胁。目前大多数国家不认可这种数字货币。我国央行也已经发文，对有关比特币等数字货币做出了非常严格的规定和限制，禁止交易和炒作。——出版者注

公众的印象中，金融业与技术的重要联系是模拟产业。这是金融科技 1.0 时代。

从 1967 年开始，通信和交易处理的数字技术发展促进了金融业从模拟产业向数字产业的快速转型。最晚至 1987 年，至少在发达国家，金融业已经高度地全球化和数字化。到 2008 年为止，这个阶段可以称为金融科技 2.0 时代。这一时期，传统的受到规制的金融类企业引导着金融技术创新，它们使用技术来开发产品和服务。

2008 年之后可以说是金融科技 3.0 时代，这是一个崭新的阶段。新型的创业企业和技术类企业开始向企业和消费者直接提供金融产品和服务。

目前的工业 4.0 展现了实体和虚拟的产业机器之间联系日益加强的画面。制造业的智能化带来了许多好处，如前所未见的规模化数据搜集、融合和分析。因此，金融科技 4.0 时代也出现在我们的脑海当中，这个阶段，金融科技企业与传统金融机构的金融科技创新将密切相连，并呈现出以下两个特征：

- 基于技术视角的一体化技术解决方案；
- 基于金融产业视角的金融科技创业企业与现有金融体系的融合。

但是，在金融科技 4.0 的故事里，也可能出现威胁。金融科技的初创型企业在数量和复杂性上不断增加，它们建立了许多与传统服务者的连接。系统间的界面通常是网络脆弱性的一般性来源。为了防止危险的发生，数字化金融系统间的界面需要进行严格的审查，这包括产品开发期间的侵入性测试、实施者清白的历史记录以及对整体系统的全面审视。

全球金融科技创新概览

一个考察金融科技创新整体状况的重要视角是增长率。金融科技市场在投资和市场规模两个重要方面都获得了快速发展，这两个方面是相互关联的。如果银行和金融机构投资于更多的先进技术，市场规模就可能增加。当然，对最后结果的关注显而易见也是必需的，这主要指长期的回报和这些投资的 ROI（投资回报率）。

2014 年，金融科技的风险投资增长了两倍，金额为 122.1 亿美元。2013 年，全球的这一指标的增长率一度高达 201%。根据 Verture Scanner 的数据，到 2015 年年底，共有 1 379 个金融科技企业获得了 330 亿美元的总投资。这个数值还不包括传统金融机构进行的金融科技投入。

无论在投资额、回报率还是在雇员数量方面，金融科技已成为热点话题，这个领域已经从颠覆性的新生力量成长为独立的产业。

另外，引人瞩目的投资规模及增长率也说明了金融科技行业所处生命周期的特点，在不同的地方以不同的程度迅速变化，远未成熟。

生态

咨询公司安永（Ernst & Young，EY）给出了全球金融科技创新生态的排名，它们认为这个生态具有下述四个核心特征[1]，而我认为还应该加入第五个核心特征——方案。

（1）需求：个人、企业以及金融机构的客户需求。

（2）能力：技术和金融服务能力以及创新能力。

（3）资本：起步和创业阶段金融资源的可获得性。

（4）政策：在规制、税收和创新激励方面的政府政策。

（5）方案：新技术、新产品、新服务和新流程的引入。

从更广泛的视角看，一个商业生态是"一个由互动的组织和个人所支

---

① EY（2016），UK Fintech: on the cutting edge, EY Report.

撑的经济社区，是一个商业世界的有机体。这个经济社区为消费者生产有
价值的产品和服务，消费者本身也构成了生态的一部分。这个社区的成员
还包括销售者、主导性的生产者、竞争者和其他利益相关者。他们的能力和
角色相互交融，在一个或更多个中心企业确定的方向上，他们趋向于结成联
盟。承担领导角色的中心企业会发生改变，但生态领导者的功能受到社区的
重视，因为他使社区成员共享愿景、协同投资，并寻找到相互的支持者"。

理解金融科技生态的构成同样重要，从上文所述的生态的五个核心特
征出发，我们构造了如图 2.1 所示的金融科技体系。

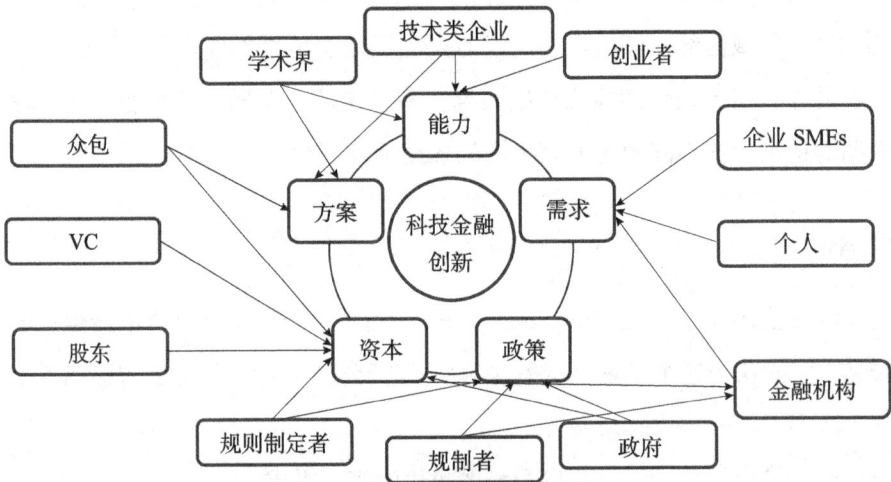

图 2.1 金融科技生态体系

资料来源：EY 2016。

（1）需求：取决于消费者、金融机构、企业和政府。

（2）能力：依赖于大学、其他教育机构、技术及金融类机构以及与金
融技术相关行业的创业者。

（3）方案：依赖于技术类企业、学术界以及外包行业的发展状况。

（4）资本：取决于下述三个投资者类型：

- 天使投资，这类投资出现在创业生命周期的起步阶段，目的是获取股权收益；
- 风险投资（Venture Capital，VC），通过提供资本和一般性支持帮助尚无法接近股票市场的企业获得快速成长；
- IPO 投资者，通过首次公开上市向私人企业提供资本支持。

（5）政策：不仅指政策环境，还包括税收激励和政府项目的有效性。规制者和政府是这个属性的利益相关者。

作为生态体系的中心，金融科技企业得益于这个体系，但可能不仅仅依赖于其特殊结构、竞争力和企业在其中的获利能力，还依赖于整个生态系统各个组成部分连接通道的有效性。

地区排名

上述五个核心特征构成了基准行为的基础，基于此我们可以对金融科技故事中处于领导地位的地区进行简单的梳理。

表 2.1 和表 2.2 的内容来自于 EY 和德国商业银行的研究成果，从金融科技视角对一些地区进行了分析，并给出了分析结果。

在美国的不同地区，投资的市场规模非常不同，显示出了一国内部的差异。英国呈现出了有利于快速发展的监管框架，但并没有大量的资本投入。一个例子是"创新计划"。英国金融行为监管局（Financial Conduct Authority，FCA）推出了一个支持创业的计划，其主要任务在于"通过支持进行真正有益于消费者的新产品和服务开发的小型和大型企业，促进金融领域的竞争和增长"。除了政策管理方面的关键差异，英国也在创业企业的税收优惠政策方面居于领先地位，新加坡也很快跟随了这一做法。美国则似乎得益于大量风险投资基金的聚集，这些基金具有进行金融科技投资，特别是在硅谷地区投资的丰富经验。纽约一直落后于硅谷，虽然差距有所缩小，但近年来的复合增长率仍大大低于最好的预测值。埃森哲于2014 年预测，到 2018 年美国将每年进行 47 亿美元的投资，而 2015 年 12月，仅纽约和佛罗里达州就进行了 71.3 亿美元的投资 [1]。

根据 EY 的"居于前沿的英国金融科技（2016）"报告，以及本人所做的一些调整，我们给出了不同国家 / 地区的发展排名（见表 2.2）。

表 2.1　一些国家 / 地区的金融科技投资市场规模

国家 / 地区	市场规模（亿美元）	投资金额（亿美元）	金融科技从业人员
英国	66	5	61 000
纽约	56	14	57 000
加利福尼亚地区	47	36	74 000
德国	18	4	13 000
澳大利亚	7	2	10 000
中国香港	6	0.5	8 000
新加坡	6	0.4	7 000

表 2.2　一些国家 / 地区的金融科技评估

国家 / 地区	能力	方案	资本	政策	需求	整体
英国	4	3	3	4	4	18
加利福尼亚地区	4	4	4	2	3	17
纽约	3	2	4	1	4	14
新加坡	2	1	1	4	2	10
德国	2	3	3	2	2	12
澳大利亚	2	2	2	3	1	10
中国香港	1	2	2	3	3	11

[1]　Accenture（2014），The Rise of Fintech：New Yorks Opportunity for Tech Leadership, Accenture report.

英国目前处于前沿的领导地位，加利福尼亚地区和纽约紧随其后，扮演着自发的金融科技枢纽的角色。

此外，通过构建三个主要竞争性生态的雷达图，全球金融科技的格局变得非常清晰（见图 2.2）。英国在上述五个方面发展都比较均衡，同时，通过有力的政策管理和政府创业鼓励，所有利益相关者形成了优化的互动。纽约和加利福尼亚地区也能够最大化各自的长处。

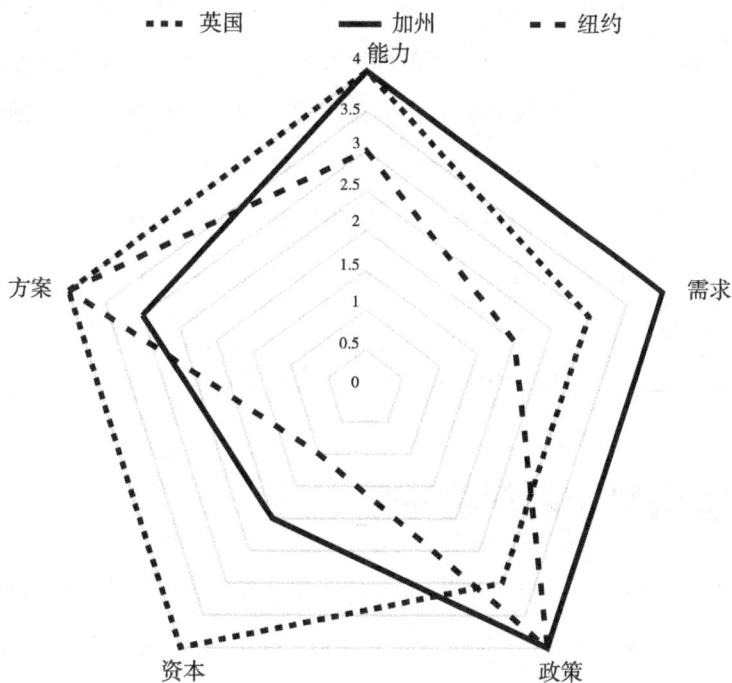

图 2.2　不同地区金融科技的发展状态

亚太地区的重要性在全面提升，这个地区由于拥有全球最多的未获得金融服务的人口，有很强大的私营财富市场，经济继续强劲增长因此吸引了大量投资。这个地区快速发展的信息通信技术行业正在改变整个产业格局，引领着融合服务的新时代。

亚太地区既包括发展中国家也包括发达国家，发展非常不均衡。

作为金融行业的新兴国家之一，中国正经历着前所未有的金融和技术的融合。由于中国拥有超过 13 亿人口和按购买力平价计算超过 20 万亿美元的全球最多的 GDP 经济规模[①]，有估计认为，中国已成为全球最大的金融科技市场。当然，传统国有金融机构不能充分满足消费者和企业金融资本市场需求这一状况，也赋予了中国金融科技发展的必要性。

2015 年中国线上替代性金融交易的总额是 1 016.9 亿美元，这是其余亚太地区合计总额的 90 多倍。除中国之外，大洋洲——包括澳大利亚和新西兰——是亚太地区线上金融交易最大以及增长速度最快的市场，2015 年的规模是 6.21 亿美元。东亚地区（包括日本、韩国）也发展较快。东南亚（包括新加坡、马来西亚、泰国和印度尼西亚）2015 年的交易额是 4 700 万美元，南亚（包括印度、斯里兰卡和巴基斯坦）2015 年的交易额是 4 000 万美元。

遗憾的是，欧洲大陆和中东地区发展依然滞后。

六、金融科技创新的不足之处

尽管金融科技创新带来了种种益处，但仍然存在一些潜在的问题。通常颠覆性技术由于其被使用的方法而具有一些缺陷。对于金融科技创新，环境使之潜在的缺陷被放大。

- 金融科技中存在着新的风险。金融服务和市场提供者通常为了安全会设置屏障，金融科技创业者也能够为其虚拟的门户做同样的

---

① GDP 就是国内生产总值，指一年中在一国境内创造的最终产品和服务的价值之和。可以按照平价购买力（PPP）进行调整计算。

事情。但是，随着技术发展，黑客的能力和资源也随之增加，攻击者也会日益强大。他们常常具有很高的组织化程度，某些时候，甚至可能是国家行为。因此整个产业具有巨大的风险，金融科技本身也会遭受这些风险。

- 与规制紧密相关的风险。技术通常会帮助人们超越传统的国界。在金融科技领域，从技术视角看，国家的边界形同虚设，但站在监管者的立场，则需要严格坚守边界。的确，无论是从国家主权、司法判决、消费者数据保护的角度，还是从税收的角度来看，这都是必须的。目前的情形是基于现有程序的风险管理规制者们对金融科技创新形成了一定阻碍，期望未来在金融服务商、金融科技企业和规制的官员之间形成高度协调的关系。当然，这绝非轻而易举，不掌握好分寸，就可能在发展阶段扼杀这样一个有前景的行业变革。

- 传统金融机构如何应对文化冲击拥抱技术。如果没有金融科技的创新，传统金融机构可能陷入技术的自我满足并最终落后于其他国家的风险。如果不采取措施推进金融技术的发展，一些国家的金融机构就可能因为金融环境发展滞后而在全球市场上丧失竞争优势。例如，韩国政府就意识到金融科技创新正在改变金融服务的性质，金融行业被严格规制，政府非常担忧现有银行体系是否能够存活下去。

七、结论

近些年，金融行业经历了巨大的变化。传统组织与金融科技企业之间的技术落差正变得难以逾越。由此,新兴的企业通过押注技术获得竞争优势,站在舞台的中央。金融科技的概念涵盖了所有拥抱技术创新提供金融服务的企业,而不仅仅是新兴企业。

基于下列几个原因,我们认为金融科技是金融服务体系中具有颠覆性的力量。

- 一站式服务:大型金融机构传统上提供店铺服务,无法满足客户的所有金融需求。消费者们则愿意聚集在店铺周围,通过使用多家服务提供者提供的服务满足其金融需求。
- 更具创新性的产品和服务:得益于一站式服务的趋势,金融科技创业企业有机会比那些固守传统的竞争对手进行更加创新型的产品开发。
- 改善用户体验:传统金融机构由于锁定效应的存在无需担心用户体验,而金融科技企业则把用户体验作为差异化服务的关键要素。因此,后者拥有了获取和留住用户的利器。
- 优惠的价格:金融科技企业使消费者不断成熟,他们已经难以相信大型金融机构能够提供让人信服的优惠价格。
- 面向需求未被满足的市场:许多金融科技企业在传统机构未覆盖的市场上开展业务,并以此为基础向这些用户提供更多服务,或者进一步开拓其他市场。
- 创新的解决方案:得益于先进的技术和精益的流程,金融科技企业能够向不同的细分市场提供多种有趣的服务。

金融科技正以惊人的步伐不断成长。埃森哲的研究发现,2016 年第一季度全球金融科技领域的投资达到 53 亿美元,比上一年同期增加了 67%,欧洲和亚太地区的投资占其中的 62%。这个数据描绘了一个清晰的全球图景：金融科技是一个热门的"风口"。

　　尽管如此，并不是所有国家和地区都适应了这一潮流，英国和美国是其中的领先者，亚太地区增长得很快，吸引了来自全球的大量资本。

　　金融科技企业运营在一片丰厚的土壤中，但是，在分析它们应如何更好地经营之前，我们首先需要讨论它们的特征以及尚处于分割状态的经验体系，这正是本书以下章节的任务。

The Future of FinTech
Integrating Finance and Technology in Financial Services

第三章

模型与分类

一、引言

由于数字化转型，金融服务行业正在发生重大变化。数字化转型迫使新旧组织更新其价值主张、内部流程，尤其是与客户的互动方式。

金融科技包罗万象，分析一些可能的分类很有趣。我们能够根据一系列标准对金融科技创新进行分类，而这些标准又是基于以下一系列问题：金融科技为什么出现？它为谁而生？它旨在提供哪种服务？它何时何地开展业务？金融科技创新如何运作？本章一一解答了这些问题，并通过商业案例和示例来支持这些表述。

在弄清楚金融科技企业的本质和其生态系统的结构后，本章提出了一种商业模式来解释金融科技企业应该如何组织其业务模式、应该聚焦于何处以及如何在这个复杂的领域创造一个领先的主动思维模式。以下章节使用这个模型来帮助读者理解金融科技创新的不同方面。

二、分类

为了对金融科技创新进行更细致的分类，我们引入"5W"的概念。这五个"W"来自于鲁德亚德·吉卜林的书《小象》(*The Little Elephant*)中的以下内容：

我有六个忠诚的侍者，

（他们教会了所有我所知的），

他们的名字是 What、Why、When、How、Where 和 Who。

我们需要思考的问题如下。

（1）谁做的？

（2）发生了什么？

（3）在哪里发生的？

（4）什么时间发生的？

（5）为什么会发生？

而且，一些其他作者还会加上第六个问题"怎样"。

（6）它是怎样运作的？

就金融科技创新而言，需要对这些问题进行一些必要的调整。

（1）为什么金融科技创新会出现？

（2）它是为谁而出现的？

（3）它旨在提供哪些服务？

（4）它将在哪里开展业务？

（5）在金融周期的框架下，它什么时间运作？

（6）金融科技是怎样运作的？

对事物进行分类可以简化现实，因此是必要的。很多时候，可以从多个维度进行分类。另外，通过分类可以发现差距或过度（不足）的描述，从而发现突出的潜在机会。

为什么（Why）

一些组织仍然陷入僵化的、陈旧的商业模式和惯例之中。整个创新过程，连同新知识和新技能的实施，并不容易实现。

在传统金融机构中，往往混合着广泛的金融服务创新困难和机构内部的变革阻力，这对于任何机构来说，也是典型的现象。结果就是它们与新进入者之间的差距不断扩大。在金融服务领域，这些新进入者就是金融科技创业企业。

乍一看，这些搅局者似乎仅能够通过克服银行业务流程中的低效率，向最终客户提供更好的服务。有些人可能认为这是它们存在的唯一理由。这种看法并不完全错误，但没有看到整个金融技术领域的全貌。

Kantox

"银行仍然拥有99%的市场份额，这是 Kantox 面临的主要挑战，而99%的金融科技创业企业，则是对其客户的教育。"——Philippe Gelis，Kantox 首席执行官兼联合创始人

Kantox 主要致力于克服银行间业务流程中的低效率。该公司诞生于2011年，旨在为企业客户提供外币兑换和国际支付解决方案。Kantox 设法利用银行体系的不公平性——大型公司能够比中小型公司以更好的条件进行谈判——来为客户提供清晰、透明的点对点（P2P）服务。通过这种方式，它能够使企业在业务中获得更有利的汇率。

Kantox 的例子指引了两个分析方向。

第一个是聚焦于金融科技企业，强调由于它们的知识、灵活性和整体价值而具有的巨大潜力。

第二个是将重点放在金融机构上，强调它们仍拥有占据主导地位的客户群和雄厚的经济实力。

这种关系很可能会影响金融服务业的未来。

一种观点认为，金融技术领域传统组织低下的效率给了创业企业较大

的生存空间。例如，Kickstarter 是一个全球众筹平台，公众可以在平台上资助创意项目。这是一个很好的例子，这类公司的目标是帮助和服务那些完全被传统金融机构忽视了的客户。这些客户被忽视的原因，通常有以下两点：

- 利润率低，对传统金融机构缺乏吸引力；
- 金融机构效率低下，缺乏足够的技术、能力和意愿去认识和追求新的机遇。

另一种观点认为，金融科技企业是为提供服务而生的，我们可以按照服务的目标对其进行分类。Fairview Capital（2009）根据金融科技企业所提供的应用和服务，发展了金融科技创新的分类模型。该模型有四个方面：客户服务、金融服务、合规性和业务流程。

- 客户服务

后端数据库和用户界面一同为客户提供流程和服务：

✓ 客户关系管理（Customer Relationship Management，CRM）；
✓ 呼叫中心软件；
✓ 电子计费和支付技术；
✓ 电子交易和银行业务。

- 金融服务

主要提供投资组合管理和风险管理的应用和流程：

✓ 投资组合管理；
✓ 资产管理；
✓ 风险管理解决方案；
✓ 外汇。

PayPal

"我创办的第一家公司非常失败，第二家稍好一些，但还是失败了，第三家公司倒闭了，不过还好，我很快恢复过来了。第四家几乎是成功了，但感觉仍然不是很好，虽然它没有什么问题。第五个是 PayPal。"——Max Levcin，PayPal 前首席信息官

PayPal 是一家提供在线支付系统的公司。PayPal 是一个直接向客户提供服务的鲜明例子，相比传统金融机构提供的服务，这是一种更好的替代方式。该公司成立于 1998 年，那时电子支付并不普遍。电子商务仅仅几年后就成为一种常见的现象，因此 PayPal 成功地在现有金融机构基础上建立起它的业务。事实证明，这是（显然或至少是）一种双赢的关系，客户、传统金融机构和金融科技企业都从中受益。PayPal 和金融科技创业企业的能力在于试图削弱传统金融机构的中介功能，这已经成为并仍然是对这个行业中经营业务的传统组织的严重威胁。

Wealthfront

"Wealthfront 是一家软件公司，专门为新一代投资者设计，超过 60% 的客户都在 35 岁以下。我们专注于提供完全自动化的投资服务，消除零售场所和销售团队的成本。"——Adam Nash，Wealthfront 首席执行官

Wealthfront 是一家美国公司，提供完全基于复杂算法的投资服务。公司的投资策略是通过精简的问卷确定投资者的风险承受能力、投资目标和预算，然后通过软件自动进行投资，该软件被设计为可自动调整其投资组合，在保证其多元化和税收效率的同时维持其目标的分配。

- 合规性

公司遵守外部和内部法规的方法有：

✓ 财务报告和分析；

✓ 交易结算；

✓ 遵守一个或多个国家的法规。

Droit

"我们看到了市场上的一道明显鸿沟。你如何才能达到合规且最佳的交易前决策，以及确保交易后，始终做正确的事情？我们使用相同的基础设施、数据和逻辑将交易前的决策与交易后的合规性统一起来。"——Satya Pemmaraju，Droit 创始合伙人兼首席执行官

Droit Financial Technologies LLC 是一家 2012 年诞生于美国的公司，旨在提供全面、适应性强的解决方案，以应对影响场外市场（OTC）衍生品空间的巨大的新市场结构和监管要求。通过使用这些解决方案，一家客户公司能够把精力集中到核心业务上，并且节省时间和金钱。简言之，Droit 设法解决与交易过程有关的三个主要问题（3W）：交易什么、什么时候交易及在哪里交易。

Xero

"如果五年前我这样做了，我可能会为 500 万美元的退出感到高兴，现在除非至少有 1 亿美元的退出，否则我不会高兴。"——Rod Drury，Xero 首席执行官兼创始人

Xero 是新西兰的一家公司，在全球设有办事处，成立于 2006 年，旨在为企业提供易于使用、功能强大的在线会计软件。该公司为中小企业（SME）

提供在线会计软件，帮助组织将业务重点放在核心业务领域。这是一个拥有创新产品的公司的典型例子，它带来了客户流程的变化。目前，有几家公司通过利用它提供的解决方案进入了市场，这些解决方案在这些公司的内部流程中找到了市场目标。

Xero 提供的解决方案的主要优势在于其直观性。虽然其平台提供强大的功能（审计控制、并行商业智能引擎等），但开发人员仍使之保持简单和有趣。

- 业务流程

为了交付特定结果而进行的一系列关联活动：

✓ 应用服务提供商；

✓ 数据仓库和分析；

✓ 数据质量；

✓ 文件管理；

✓ 成像软件；

✓ 知识管理；

✓ 系统集成；

✓ 安全；

✓ ICT 基础设施和外包。

在这份清单中，安全是一个重要的项目。对于在线构建业务的组织而言，这一点（特别是客户的安全）始终是关键的。使用几种工具，就有可能窃取凭证。同时，黑客利用芯片［中央处理器（Central Processing Unit，CPU）、图形处理单元（Graphics Processing Unit，GPU）］计算能力的巨大提高，开发出以非法持有敏感凭证为目的的恶意软件产品。由于上述原因，安全问题一直限制着电子商务和整体在线解决方案的推广。最近，更多的解决方案被开发出来以促进在线支付和在线信息存储（云计算）。

> ### SecureKey
>
> "提供安全便捷的在线体验是当今世界每一个市场所面临的挑战。在本月早些时候推出 SecureKey Concierge 服务之后，我们很高兴能够将我们的平台功能作为私有标签服务提供给垂直市场社区中的其他领先组织，在这些社区中，隐私和安全既是必要的也是颇具挑战的。我们的服务可以确保它们为用户提供更安全的在线体验。"——Charles Walton，SecureKey 首席执行官
>
> SecureKey 是一家加拿大的身份认证服务提供商，提供在线客户服务。通过将消费者身份标识与可信赖设备和安全客户联系起来，SecureKey 可以为重视安全问题的所有组织和机构（金融组织亦然）提供简单的解决方案。

这种按照服务类别进行的分类考虑了金融科技创业企业产生的基础，即针对传统金融机构普遍缺乏创新的情况，向客户提供更有效率的服务。这些初创企业还需要考虑如何充分利用现有的基础设施，以及面向传统金融机构未曾考虑的客户提供服务。

谁来做（Who）

金融科技企业商业模式创新的核心是服务。通过服务建立起来的持续性业务关系可能有不同的形式，这取决于使用对象的性质，例如，

- P2P——人对人服务；
- B2P——企业对个人服务；
- P2B——人对企业服务；
- B2B——企业对企业服务。

金融技术行业建立起来的一个重要的新型关系形式便是P2P，即个体
对个体。采用P2P商业模式的公司一般扮演促进者或匹配者的角色。它们
为客户提供平台，匹配供求或促进供求的匹配，并制定规则、指导方针和
规定，最终还设置一些报酬和支付机制。P2P强调客户的中心性，客户可
以通过公司搭建的平台提供和购买产品或服务。

P2P的一个典型例子就是在线贷款。随着更多借贷者的进入，P2P规
模超出了零售投资者能够支持的范围，这就促使平台去寻求更多的机构资
本。P2P平台匹配买家和卖家，同时最大限度地减少自身的资产负债风险。
P2P平台的收入来源于收取的预付费以及整个借贷过程的服务费。

Lending Club使用在线平台来促进投资者和借款人之间的匹配。前者
和后者都有兴趣在安全、透明和简单的环境中获得更有利的财务状况，这
正是Lending Club所提供的。为了阐明Lending Club和其他贷款公司的
P2P商业模式，我们可以借助于以下简化的流程：

- 借款人向贷款平台申请贷款；
- 贷款平台同意借款人借款；
- 贷款平台通知合作银行，借款人已经核实，投资者已经同意；
- 合作银行向借款人发放贷款；
- 借款人向合作银行发送贷款通知；
- 投资者向贷款平台进行支付；
- 贷款平台使用投资者的资金从合伙银行购买贷款凭证；
- 合作银行将贷款凭证发送到P2P平台；
- P2P平台将贷款凭证发送给投资者；
- 到期时，借款人支付款项给平台，偿还投资者。

Lending Club还有其他并行的流程来处理还款来源和其他方面存在的

问题。

有关 Lending Club 使用的流程，有一些需要注意的事项：

- 金融机构并不完全被排除在外，而是作为 P2P 平台的合作伙伴；
- 金融科技企业所进行的中介工作非常重要，它可以降低负担（主要是监管负担），从而降低费用和角色。

Pingit

"巴克莱银行的 Pingit 可能会改变人们收款和汇款的方式。"——Antony Jenkins，巴克莱银行（Barclays）前首席执行官

巴克莱银行于 2012 年 2 月在英国推出 Pingit，并自那时起，不断增加新的功能。截至 2013 年，Pingit 拥有 150 万个客户（Nicoletti 2014）。这是一个发送和接收付款的 P2P 支付系统。Pingit 也是一个移动货币转移系统。最初，只有拥有巴克莱银行账户和英国智能手机，以及年满 18 周岁的英国用户才可以使用。巴克莱 Pingit 给消费者带来的利益是巨大的。首先，它对发件人和收件人都免费；其次，Pingit 交易几乎能够立即到达收件人的账户，因此效率是极高的；再次，在巴克莱银行和非巴克莱银行的客户之间，Pingit 付款也是即时的；最后，Pingit 对每天的交易数量有一定限制。借鉴 Pingit 的成功经验，VocaLink 后来推出了一个名为 Zapp 的类似服务。

Lending Club

"随着时间的推移，与其他平台相比，那些为客户提供更好服务的金融平台（市场贷款或其他方面），为投资者提供显而易见的稳健风险调整回报，并证明强大性的企业将赢得胜利。"——David Klein，CommonBond 首席执行官兼联合创始人

采用 P2P 业务模式的一个创业企业例子是 Lending Club，其总部设在加州旧金山。据估计这是全球最大的 P2P 贷款平台。该公司募集了 10 亿美元，成为 2014 年美国最大的科技类 IPO。它是第一家在证券交易委员会（SEC）将其产品注册为证券的 P2P 贷款机构，在二级市场上提供信用交易。Lending Club 运营一个在线贷款平台，借款人可以获得贷款，投资者可以购买贷款收益凭证。

该公司声称，截至 2015 年 12 月 31 日，该平台发放了 149.8 亿美元的贷款。Lending Club 使借款人能够创造 1 000~35 000 美元的无担保个人贷款，标准贷款期限为三年。投资者可以在 Lending Club 网站上搜索和浏览贷款清单，根据它所提供的关于借款人的信息、贷款额度、贷款等级和贷款目的来选择想要投资的标的，获得利息收益。Lending Club 通过向借款人收取起始费用和向投资者收取服务费来获得利润。

虽然被视为金融科技行业的先驱，以及最大的金融科技企业之一，Lending Club 在 2016 年初仍然遇到了投资者信任问题，公司出现了一些贷款丑闻，董事会对首席执行官雷诺·拉普兰奇的隐瞒行为表示不满。这导致公司股价大幅下跌，拉普兰奇辞职。这是一个市场领导者因其自身问题影响整个市场的例子。近几年可能还会有更多相同的事件出现。但不管怎样，这样一种商业模式仍将成功。如果你相信市场是有效的，即使是准有效的，这一成功也可能发生。

ATM 是 B2P 的典型例子。客户可以很容易地访问 ATM，进行取款和其他各种金融交易，同时节省时间和资源（对于服务提供者和客户皆然）。一方面，金融机构给予了客户进行简单交易的可能；另一方面，任何时候都有客户需要这样的交易。

在网上借贷的情况下，B2P 的特点是资产负债表的贷方使用自有资本或筹措资金来发放贷款。

按照上述分类，第二类金融服务是 P2B 服务。尽管金融科技企业使用这种特定模式的领域并不多，但近期一些成功的公司和技术（如 Kickstarter 或区块链技术）可以帮助我们认清其适用领域是以下哪一个：

- 交易；
- 众筹；
- 存款；
- 虚拟货币；
- 保险。

Kickstarter 和 Indiegogo 是两家向用户提供众筹服务的公司。通过在线平台，这两家公司向互联网用户募集资金为一些项目提供融资。众筹有不同的类型，其通用的定义是通过互联网公开招募，以捐赠的形式或者以获取某种形式的奖励和股权的方式作为回报，进行资金募集的一种方式。以下章节将参考实践中取得成功的商业企业和个人经验，提供关于众筹和虚拟货币的更多细节和见解。

B2B 服务是指两个或更多公司之间的现有经济交易。愿意与其他公司建立业务关系、旨在为合作各方提供更多机会的公司适用于 B2B 模式。公司之间的关系非常复杂，难以管理，但却是创新的最佳催化剂。

采用 B2B 商业模式的金融科技企业为其他企业提供金融服务。简言之，其主张的价值传递给 B2P 以外的其他实体，会对业务结构和金融科技的战略方法产生一系列影响。

麦肯锡在麦肯锡全景金融科技数据库中对 3 000 多家公司进行了调查，结果发现，B2B 产品中金融科技企业的份额从 2011 年的 34% 上升到了 2016 年的 47%。这些企业可能也提供 B2C 产品。只有 21% 的企业正在寻求客户脱媒，例如，向企业银行客户提供资金服务。只有不到 12% 的企业真正试图通过先进的基于区块链（加密）的交易技术系统来颠覆商业模式。

B2B 金融科技企业与现有银行合作或向其提供服务，这些银行将保持与最终客户的关系。这类公司与投资银行业务是不同的，它倾向于 B2B 的趋势特别明显，投资银行业务占整个市场所有金融科技活动的 15%。

一些例子可能有助于我们理解 B2B 模式的合理性。Kantox 是致力于克服传统银行低效率的公司之一，它旨在为企业提供更好的外汇兑换和国际支付服务。这是一个 B2B 的典型例子，价值被直接交付给企业客户，并没有任何个人参与。

Fundbox

"Fundbox 是一个非常实用的简单而优雅的融资解决方案，客户在几分钟的时间内就可以获得短期资金，我会把它推荐给任何寻求融资的企业。"——Edwin Warfield，Citybizlist 首席执行官

Fundbox 是一家从事票据融资业务的美国公司。具体来说，Fundbox 能够将未到期的票据变成所需的资金，而这种运作从技术上来讲并不是贷款。Fundbox 或 Bluevine 这样的企业是通过以低于面值的价格购买票据来获取利润的。票据面值与购买票据价格之间的差价是潜在利润的来源。

除了这些创业企业的具体业务之外，这类公司关注的重点将放在参与者身上。客户不是个人，而只是可能从它们的服务中受益的企业。

采用 B2B 模式的金融科技企业大多从事以下业务：

- 汇款；
- 为中小企业提供信贷；

- 向金融机构提供高端或一揽子服务；

- 支持业务的国际化；

- 提供其他专业服务。

除了上述四种不同的业务方法之外，还有其他可能的方式。我们可以根据更具体的细节进行区分，例如，与政府打交道时，可能会产生B2G（business-to-government，企业对政府）业务；另外，也会产生B2E（business-to-employees，企业对雇员）业务。

即时支付是P2P概念的一般化应用。即时支付可以为小型企业和组织以及电子商务和移动电子商务企业提供无休的实时P2P、P2B、P2G支付。这种付款方式实现了银行间转账的实时结算。该解决方案非常灵活，其他金融机构也可参与，并且可随时添加新的支付服务类型。该支付解决方案依靠两个部分：用于发起和通知付款的智能手机应用程序及参与该计划的金融服务商之间的实时支付与结算系统。用户将他们的银行账户与手机号码（企业和组织有代理号码）进行绑定，付款人输入收款人手机号码（或代理号码），并通过手机银行身份申请授权付款。付款人账户被扣除，付款指令在清算系统（Automated Clearing House，ACH——美国的自动清算机构）中结算。收款人银行收到付款信息并记入收款人账户。最后，应用程序通知付款人和收款人。

是什么（What）

另一个分类的基础是金融科技企业向市场提供"什么"。这项由H2 Ventures、KPMG（毕马威）和Matchi（2016）进行的研究可能有助于界定"金融科技创业企业究竟提供了什么"。这项研究也从全球视角提供了一些关于最具创新性和颠覆性的公司的观点。

该研究站在长远角度，从企业整体潜力出发，选择了50家全球领先的金融科技和新兴的明星创业企业。

从更广泛的视野来看，基于"是什么"的原则，按照企业的专业领域，金融科技企业可以分为：

- 保险；
- 财富管理；
- 支付；
- 贷款；
- 众筹；
- 零售银行；
- 安全；
- 货币和外汇（外汇兑换和汇款）；
- 其他。

图3.1显示了2015年全球100家顶尖的金融科技创新者正在为市场提供什么。这不是所有金融科技企业的当前市场结构，而只是其中的一部分，但可能是与稳定高效的内部结构最具结合潜力的部分，它能够基于成功的商业模式传达有效的价值主张。

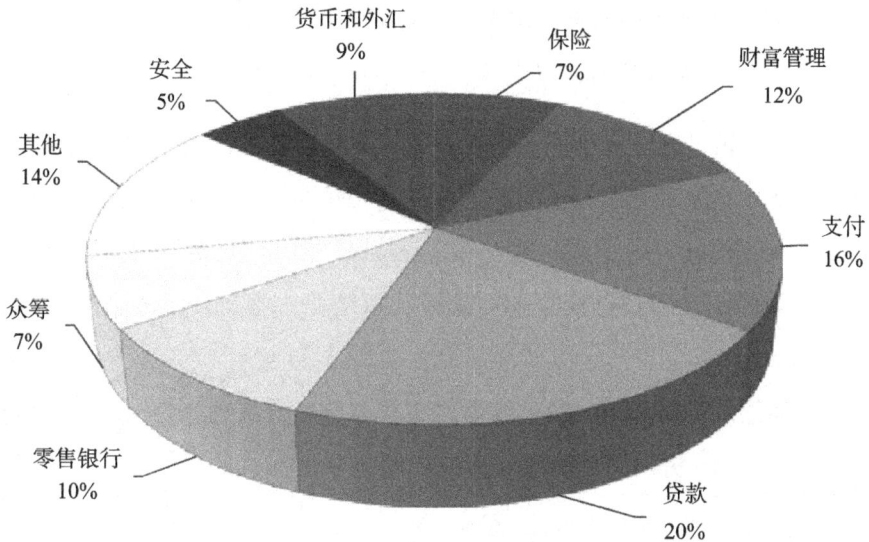

图 3.1　基于专业领域的金融科技企业市场份额

资料来源：改编自"Fintech 100, Leading Global Fintech innovators. Report"2015。

在哪里（Where）

对于金融科技企业"在哪里"创新的分类，有两种划分方法。一种划分考虑金融科技企业开展业务的地区。这种分类只考虑地理参数，这对于不同州、地区或城市之间的总体排名是有帮助的。另一种划分基于企业的所有权，这与业务理念和其发展有关系。

安永公司表示，整个金融科技行业在就业、投资和公司数量方面都呈现出了全球范围内的增长态势，但目前还远未成熟。按照这一逻辑，多数金融科技企业属于以下类别中的一个：

- 初创企业；
- 传统金融机构，如银行或保险公司；

- 由技术或零售公司转型而来的金融服务企业；

- 混合所有权的高级创业企业。

为了获得具有更高潜力的创业企业的股份，金融机构常常提供一些新的创业或创新型金融服务，因此上述类别之间的界限并非泾渭分明。在企业生命周期的第一个阶段，种子资金有时只能用于交换股权，这意味着一定数量的金融科技创业企业在其所有权结构中会有传统的金融机构的影子。

后面的章节将详细讨论传统金融机构与金融科技创业企业之间的财务关系这一主题，并对其影响进行深入分析。

什么时候（When）

根据公司"什么时候"提供服务，我们可以把金融科技企业分为两类：传统的金融科技企业和新兴的金融科技企业。

英国贸易投资委员会委托安永公司进行的一项研究有助于澄清这两个类别之间的差异。

安永公司表示，它们认为，遵循传统模式的企业是"促进者"。它们通常是在金融服务行业从事业务的现有的大型技术供应商。而遵循新兴模式的企业则是颠覆者或创新者，这类企业的发展重点是对现有金融机构的脱媒。

由于文化不同，这两类企业的商业模式是完全不同的（见表3.1）。新兴企业覆盖多个不同领域，我们很难总结它们的商业模式。它们会有不同类型的收入来源。

遵循传统模式的企业按照既定的收入模式运营，该模式倾向于使用每笔交易的成本、每次点击的费用、资产的百分比或许可费用等指标。

金融科技行业的一个关键点是基础设施更新。新兴的金融科技企业正在努力应对包括 P2P 网络和区块链技术在内的对基础设施的需求。

表 3.1　传统金融科技企业与新兴金融科技企业的不同点

传统金融科技企业	新兴金融科技企业
市场参与者通常被认为是推动者，它们通常是支持金融服务部门的大型现任技术供应商，如 Fiserv、埃森哲、SunGard、TCS、FirstData	市场参与者本质上是颠覆者和创新者。它们弱化传统金融机构的中介功能，或者提供新技术和不同流程与解决方案来满足现有需求，如 Zopa、Fidor Bank、Transfer Wise
企业专注于对现有基础设施的支持、维护和交付，在某些情况下这些基础设施是外包的	它们有两种运营模式：使用现有的、由成熟的运营商控制的基础设施；建设全新的或云端的解决方案。基础设施的更换是一种高风险战略，然而，如果成功的话它会产生很好的结果
在既定收入模式下运营，这些模式倾向于使用每笔交易的成本、一定比例的资产或许可证费用等指标	新兴企业的收入模式非常灵活，并且倾向于使用多种不同类型的收入来源，包括广告和数据货币化。提供者和消费者之间的费用是不同的（后者在某些情况下不付款）

资料来源：改编自 Ernst & Young（EY）2014。

传统的基础设施是一个限制，同时也是一个机会。例如，PayPal 已经在现有的基础设施上建立起了自己的业务，但同时也为其客户提供了额外的服务。其他公司，如前面提到的 Kantox，却采用了一种完全不同的方式来开展业务，规避了旧的已有的基础设施（如 P2P 业务模式）。

如何去做（How）

分析和阐明金融科技创新企业如何创新以及它们计划如何提供服务是很有意义的，本节将对这些问题进行探讨。需要指出的是，金融科技创业企业提供服务时的大部分创新我们将在下一章中具体阐明。

对金融科技企业进行分类的一个标准是看其如何提供服务：

- 移动性（如手机银行）；
- 大数据分析；
- 物联网；
- 云计算；
- 人工智能；
- 机器人；
- 社交网络等。

世界正在以几十年前不可预见的速度发生改变。由此，新技术和创新为提供服务的新方法奠定了基础。此分类旨在强调深入思考现有金融科技企业业务未来前景的重要性。一些金融机构已经采用了上述大部分技术（手机银行、大数据、人工智能等），了解这一点是非常重要的。金融科技企业将进一步发展这些技术或者用不同的商业模式使用它们。

对金融科技企业进行分类的另一个标准是看其如何创新，这里有两种可能的分类（见图 3.2）：

- 促进者；
- 颠覆者。

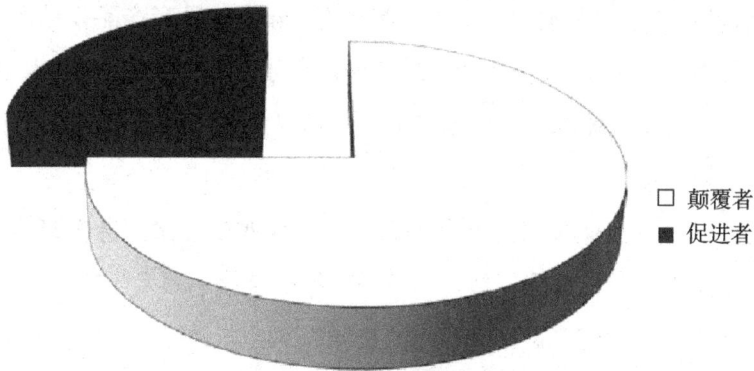

图 3.2　促进者和颠覆者的比例

资料来源：改编自 "Fintech 100, Leading Global Fintech innovators，Report" 2015。

　　H2 Ventures 和 KPMG 撰写过一篇关于全球 50 家领先金融科技企业和 "最有吸引力" 的新兴明星企业的报告。根据这个报告，可以说旨在颠覆目标市场的这些最重要的金融科技企业至少已经在其生命周期的第一阶段成功地证明了自己。当然，这一囿于有限数量公司的分析结果并不能扩大至整个金融科技领域。一些专业人士的研究表明，一些金融科技企业也在努力支持传统金融机构，帮助它们缩小技术差距。可以说，这些公司的创新已经在超越和颠覆这一阶段。

　　金融科技创新的全貌与创新这一概念有着内在的联系。无论是否是颠覆者，每一个金融科技企业都在以某种方式改变市场。所以，我们也可以根据金融科技创新的方式来进行分类：

- 产品或服务创新；
- 流程创新；
- 组织创新；
- 商业模式创新。

通过思考第二章描述的生态系统，这四种不同形式创新之间的联系可以更加清晰。产品创新的定义是"新产品的开发、已有产品设计的变化，或者在已有产品的生产中使用新材料或新成分"。大多数金融技术创新实际上是向市场提供创新的服务或产品。创新可能包括已经存在的产品变化或更广泛的变化。

由金融科技企业带来的产品创新正在彻底改变金融服务的运行方式，其中最可能引发的是流程创新。当核心领域的价值主张发生变化时，企业可能会调整业务适应它，从而彻底改变组织本身。最终，金融科技企业可能会找到一个全新的环境。在这个环境中，客户和组织的身份、需求及一贯做法都已经发生根本改变，新的盈利方式将被发现，而新的商业模式可以把可能性转变为有回报的业务。

这只是解释不同形式创新之间联系的一种方式，也是关于金融服务业丰富多样前景的一种可能诠释。外部因素，如新的国际法规，也可以促进创新。有些时候，会有相反的情况发生，流程创新可以促进产品创新，产品创新继而带来其他新的变化。

在思考金融科技创新企业的过去和未来发展时，我们有必要考虑两个主要因素：

- 不同形式创新之间的紧密联系；
- 创新在一个行业中传播过程的不确定性。

在企业内部流程中找到创新目标是非常有意义的。为了理解这一点，区分流程创新和产品创新对公司内部流程产生的影响之间的界限是非常重要的，这种界限在于目标的不同和变化的量级。

从金融服务业的宏观视角来看，比以往更多的边缘的和激烈的创新被引入市场。每当一个大型金融机构或小型创业企业进行创新时，就会对其内部结构产生一定的影响，如工作性质、层级结构、管理系统和流程等。

不管怎样，如果数量众多的颠覆性创业企业向市场提供产品创新，那么就可能导致现有机构的利润水平下降，或者至少当出现这一变化的早期信号时，它们会害怕或担心。现有组织可以决定对其实际工作方式进行一些改变，例如，重新设计流程，使其更加精简和高效。为了做到这一点，可以实施管理信息流的具体方案，减少浪费，彻底拥抱数字创新，或者从根本上改变特定产品的生产和交付方式。这就是所谓的"流程创新"。

流程创新并非是基于效率考量而进行的简单重构，而是要利用特定的工具和产品，去彻底改变业务组织价值链上的关键流程。这些产品可能是外部提供的，也可能是内部开发的。不管怎样，本章所讨论的分类涵盖了向其他企业提供能够显著改造流程结构的工具的金融科技企业，Xero 和 Square 便是两个成功的例子，它们证明了金融科技企业可以很好地完成这项工作。

Square and Square Capital

"Square 可以非常有效地从资本中获利，这使得它能够建立一个高利润的收入流来补贴传统业务。"——Large Lee，Battery Ventures 合伙人

另一家向市场提供流程创新的美国公司是 Square，这是一个为企业提供各种工具的风险投资公司。该公司帮助客户接受信用卡支付、跟踪销售和库存及为小企业融资等。此外，Square 还提供支付工具、硬件和支付设备，致力于建立一个高效的生态系统来支持其客户公司。Square 的子公司 Square Capital 成立于 2014 年 5 月，它为小型企业提供现金预付款。Square Capital 已经在 2015 年向 2 万多家企业提供了 2.25 亿美元的商业融资。2015 年 4 月，Square Capital 的资本金为 2 500 万美元，其每年提供的商业贷款周转总量则高达 3 亿～ 4 亿美元。

　　大型金融机构为了最大限度地提高内部效率花费了大量时间，它们将精力集中于流程的精简和成本—收益分析方面。同时，它们缺乏对外部环境未来发展及变化的考量。而金融科技初创企业不同，它们充分利用了数字和通信技术的进步。今天，传统组织仍然在努力弥补技术差距，这不仅需要产品创新，还需要流程和组织创新。

　　"组织创新是指组织在业务实践、现场组织管理或对外关系中实施新的组织方法。"

　　组织往往包括下述这几个方面（见图 3.3）：

- 部门构成；
- 沟通机制；
- 自我管理；
- 行动规则。

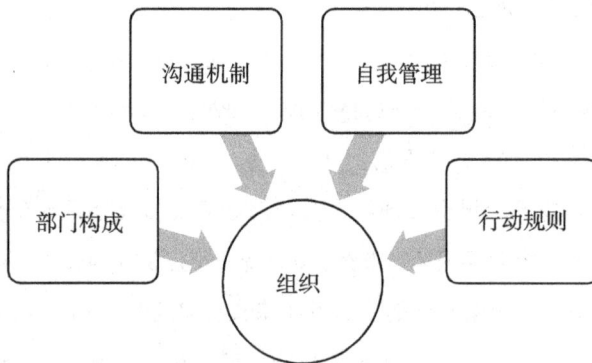

图 3.3　组织及其构成要素

　　改变组织并不一定意味着创新。通常，必须有一个创新的文化来引导变革。初创企业一般更加灵活，能够在各个方面进行良好的组织管理。在引入新的组织战略时，它们可以通过合理的财务规划来采取行动，而不需要颠覆性的文化变革。面对变化时的一个主要难题是文化问题。内部阻力，无论是正式的还是非正式的，都可能对正在搭建创新舞台的组织构成严重的威胁。传统组织拥有陈旧的惯例和固有的文化，在完成创新组织结构这一目标时，常常面临诸多文化障碍。而创业企业面临这些威胁的严重程度要低得多，有时甚至几乎为零。敏捷性、灵活性、对变革的开放性和随时准备冒险的决心，通常是现代创业企业的固有特性，特别是在金融服务行业。

根据这种分类，另一种创新形式是指商业模式的创新。一种商业模式描述了组织如何创造、捕捉并提供价值的基本原理。它代表了一个业务的所有核心方面：

- 目的；
- 基础设施；
- 交易实践；
- 业务流程；
- 目标客户；
- 报价；
- 策略；
- 运营流程和政策；
- 组织结构；
- 采购。

一些研究文献更进一步确定了商业模式的主要维度：

- 价值架构或创造；
- 价值主张或交付；

- 价值财务或经济性；

- 价值网络或网络效应。

由 Al-Debei 和 Avison（2010）开发的模型（见图 3.4）解释了商业模型的主要维度。就创新而言，任何针对 4Vs（Value Proposition，价值主张；Value Architecture，价值结构；Vlaue Network，价值网络；Value Finance，价值财务），旨在创造、交付或获取更多价值的战略性重大变化，都可以被视为商业模式创新。

一些对这个模型的重要修改，是把知识管理放在价值组件的核心。Newell 等人（2009）将知识管理定义为："改善企业面对高度动荡环境时调用知识库（或利用其知识资产）的方式，它可以确保持续的创新。"

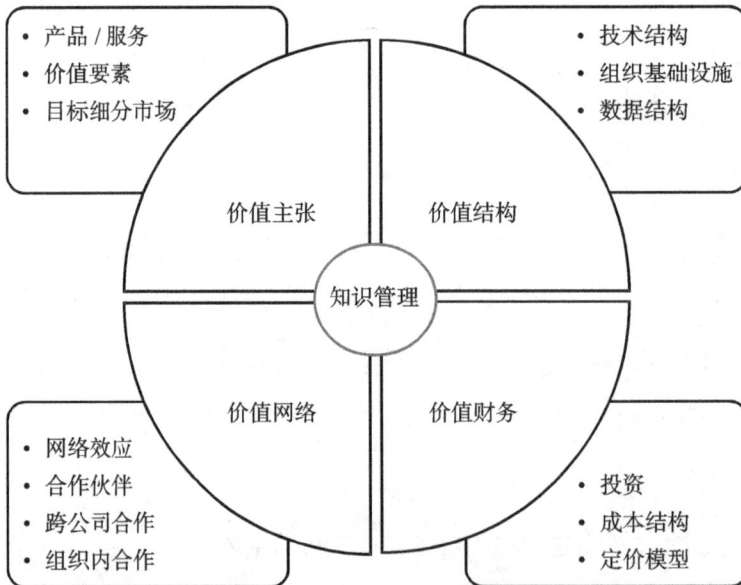

图 3.4　4Vs 商业模型框架

当下的核心在于技术，对于从事金融科技创新的金融业更是如此。这方面有很多案例。例如，Transfer Wise 是一家允许人们以比传统系统低得多的成本进行国际汇款的公司；还有 Satago，这是一家旨在完全实现企业应收账款部门的自动化的公司。

　　尽管如此，新的和相互关联的商业模式也可能会有所不同。根据世界经济论坛最近发布的一份报告，在商业模式创新方面，最有吸引力的市场之一是 P2P 借贷。该报告在分析 Lending Club、OnDeck、Kabbage 和 Credibly 等成功的创业企业之后，从三个角度对这些公司的创新业务模式进行了有趣的比较。这些公司所采用的商业模式在三个基本构成即 3Ps（见下文）方面有所不同。

- 同伴关系（Peer Relationships）：
    - ✓ 资产负债表的贷方；
    - ✓ 市场的贷方；
    - ✓ 混合模式。

- 金融产品（Financial Products）：
    - ✓ 循环信贷额度；
    - ✓ 商家现金垫款；
    - ✓ 无担保定期贷款（3 ~ 8 个月）。

- 流程（Processes）：
    - ✓ 直接流量；
    - ✓ 中介流量。

三、商业模式

什么是商业模式

在研究创新过程中需要考虑的一个重要方面是组织的商业模式。一个组织可以是一个单一的实体，也可以是一组实体，它们一起工作来提供产品或服务，为目标受众创造价值。有兴趣启动金融科技项目的企业家应该首先回答这样几个基本问题：你们为客户增加了什么附加价值？你们的商业模式是什么？你们将如何赚钱？而回答这些问题必然需要描述业务的特定框架。

商业模式研究源于创业者和战略管理研究，后者描述了快速发展的超越传统企业的互联网企业现象。商业模式研究旨在回答组织如何创造价值的问题。尽管相关研究很多，但对于商业模式的理论基础和概念仍然存在争议。Zott 等人（2011）认为，尚没有充分的理论来论述如何通过商业模式创造价值，而且这个主题的不同领域是独立发展的，并导致了不同的概念和定义。大多数研究人员认为价值创造、价值交付和价值捕获是商业模式内容的一部分。客户对产品的价值判断因行业而异。一项调查发现，银行业中影响消费者忠诚度的前五个因素是：

- 保证质量；
- 提供访问权限；
- 延续传统；
- 避免麻烦；
- 减少焦虑。

在汽车保险行业中，调查则发现影响忠诚度的因素是：

- 保证质量；

- 减少焦虑；

- 削减开支；

- 提供访问权限；

- 提供多样性。

商业模式画布

Osterwalder 和 Pigneur（2010）将他们的模型定义为商业模式画布（Business Model Canvas，BMC）。BMC 是分析商业模式一个有效的视觉框架。它解释了组织为什么、如何及通过哪些工具创造、交付和获取价值的基本逻辑。从视觉角度来看，BMC 是一个海报格式的图表（画布），描述了一种商业模式的九个要素，能使一起工作的一群人在这个画布上进行讨论。这九个元素如图 3.5 所示。

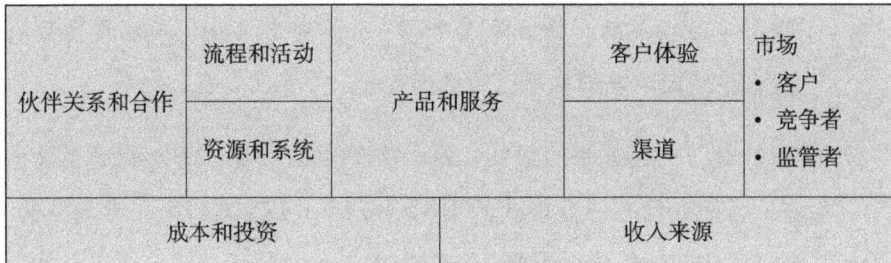

伙伴关系和合作	流程和活动	产品和服务	客户体验	市场 • 客户 • 竞争者 • 监管者
	资源和系统		渠道	
成本和投资			收入来源	

图 3.5　商业模式画布

- 市场。它包括三个重要方面即 3Cs：目标客户（the Target Customers）、竞争对手（the Competitors）和操作规程合规性（the Compliance）。金融科技创新意在为谁创造价值？谁是目标客户？它必须遵守哪些规则？

- 价值主张。组织提供的产品和（或）服务是哪些？金融科技创新在特定领域为客户提供什么价值？哪些需求需要重点满足？

- 渠道。公司打算如何接触目标客户？对于客户来说，什么是最方便的渠道？不同渠道是否采用了全渠道方式？

- 客户体验。客户体验是怎样的？公司如何建立、维护并改进客户体验以使客户满意？它是否完全符合组织和客户的目标？

- 关键资源和系统。哪些资源对于通过渠道提供价值主张和保持、加强及改善客户关系至关重要？应该设立什么机构？

- 关键流程和活动。哪些是使企业成功最重要的活动和流程？

- 重要的合作伙伴和合作关系。谁是重要的合作伙伴和供应商？它们提供了哪些关键资源？它们运行的关键流程 / 活动是什么？这些流程 / 活动有些什么内容？应该和它们建立怎样的关系？

- 收入。客户将支付什么？支付多少？定价模式是怎样的？

- 成本和投资。商业模式暗含的财务要素（成本和投资）是什么？哪个是最相关的？什么是固定的？什么是可变的？哪些是主要的成本推动因素和需要考虑的风险？

BMC 包含九个相关联的组件，每一个都至关重要，需要我们正确地予以关注。考虑如何在商业模式的不同组成部分实施创新是非常重要的。所有这些类型的创新都同样重要：可以考虑包含在画布中的多个组件的创新，也可以考虑单个组件的创新。无论如何，我们在考虑其中一个组件的创新时通常还需要对其他组件进行调整，这一点很重要。下面我们通过考察 PayPal（见图 3.6）和一个典型的众筹案例（见图 3.7），看看 BMC 怎样应用于那些在金融服务行业开展业务的公司。

伙伴关系和合作	流程和活动	产品和服务	客户体验	市场
• 第三方商人 • 支付提供商 • 传统的金融机构	• 安全 • 研发平台 • 24 小时支持 • 营销	• 安全，多支付方式，多币种的在线交易平台 • 没有安装费或月租费 • 易于使用	• 推荐计划 • 批量折扣 • 快速配置 • 支持	• 客户 • 竞争者 • 监管者 买方： • B2C • B2B • 拍卖买家 卖方： • 商人 • 公司 • 拍卖卖家
	资源和系统 • PayPal 平台 • 研发团队 • 伙伴关系 • 市场地位		**渠道** • 网站 • 社交媒体 • 在线广告 • 合作计划	

成本和投资	收入来源
• 平台发展和维护 • 交易安全 • 客户获取成本（转介）	• 交易佣金 • 托管交易的利息收入

图 3.6　PayPal 的商业模式画布（改编自多个网站）

金融服务企业的 BMC 具有一些特殊性。按照 BMC 结构，它可以解释一个金融科技企业应该如何组织业务、关注哪里，以及如何在复杂的环境中创造超前的主动性思维。

金融技术系统非常多变，不可能有一个通用的模型。此外，价值主张、市场、收入成本结构被认为是每个组织的内在影响因素，所以不会被考虑在内。在以下模型中，我们将列举金融科技创业企业所面临的主要挑战，旨在提供一些适合高度异质的金融技术世界的一般性准则（见图 3.7，一个众筹的例子）。

伙伴关系和合作	流程和活动	产品和服务	客户体验	市场
• 支付提供商 • 企业和创业社区 • 大型组织和机构	• 市场教育 • 研发平台 • 伙伴发展 • 营销	从家庭、朋友和社交网络处募钱，全在线上完成 • 透明、横向资助机制 • 易于使用；谁都可以去做	支持： • 项目设置 • 活动咨询 • 社交媒体	• 客户 • 竞争者 • 监管者
	资源和系统		**渠道**	**买方：**
	• 众筹平台 • 营销和教育团队 • 在线社交网络		• 众筹平台 • 社交媒体 • 口口相传 • 合作计划	• 创意类艺术家 • 社交企业 • 创业企业和中小型企业 **卖方：** • 家人 / 朋友 / 关系网 • 大公司 • 慈善机构
成本和投资			**收入来源**	
• 平台发展和维护 • 营销和客户教育成本 • 员工薪资			• 项目佣金 • 次级收入来源正在出现	

图 3.7 众筹的商业模式画布（改编自多个网站）

每个创业企业都应该把重点放在下面这九个重要因素上：

- 市场——关注目标；

- 产品和服务——关注增值；

- 渠道——关注社交和全渠道；

- 客户体验——关注以客户为中心的方法；

- 收入——关注客户终身价值；

- 流程和活动——关注营销；

- 资源和系统——关注技术；

- 伙伴关系和合作——关注金融机构；

- 成本和投资——关注风险。

市场——关注目标

许多金融科技企业在创业阶段都需要进行业务创新，因此它们的兴趣首先是寻求具有高收入前景的领域，希望实现快速盈亏平衡和可靠的投资回报。这可以通过直接进入现有收入池（如传统的银行业务、交易、市场），或创建颠覆性的业务模式和探索小众市场（如移动支付、个人财务管理和账户汇总）来实现。

目前，超过50%的金融科技企业在传统银行业务和支付领域运营，收入来源丰厚。创新和专注的理念，加上技术开发的高度灵活性，使金融科技企业能够在短时间内为市场创造解决方案，并快速适应不断变化的客户行为。

产品和服务——关注增值

将对客户的深入洞察转化为量身定制的产品和服务是非常重要的。了解客户的需求并预测他们的期望对于有效的市场细分至关重要，这对于设计个性化和定制化服务非常有用。

后面章节描述的技术接受模型强调了服务质量的重要性。Edvardsson和Olsson（1996）从质量角度关注服务的开发，他们的论文基于一个瑞典的案例研究，为新的服务拓展提供了一个参考框架。这个框架认为，服务开发的主要任务是为服务创建正确的通用先决条件。这意味着一个高效和经济的客户流程必须适应客户的行为逻辑，获得良好的客户效果。也就是说，服务应该与质量相关联。在这个过程中，有三个主要方面需要考虑和拓展：

- 服务理念；
- 服务体系（资源结构）；

● 服务过程。

这一考虑强调了在商业模式中高度重视通过金融科技创新向目标市场提供的产品的附加值的重要性。

渠道——关注社交和全渠道

金融科技创新应该利用社交媒体来推出新的产品和服务。与资本密集型的纸质、电视和网络促销相比，这种方式可以更具成本—收益性，能更有效地针对特定地区的客户。这种做法也可以创新金融服务的商业模式。金融机构可以尝试不同的细分市场，然后将战略上升到更高的（地区、国家或国际）层级。

安永公司 2014 年对全球私人银行进行的调查显示，CRM 流程的改善对维持和提高以客户为中心的组织的竞争地位至关重要。研究指出，传统金融机构在引入重要的 CRM 变革方面效率不高。因此，它们的市场份额可能会落入新的非金融背景的进入者之手，特别是全球金融科技界的进入者。

金融科技创新应该以完善客户渠道为目标，融合并创造透明的直接联系渠道（如电子邮件、呼叫中心、代理、门户、社交、传真、报告等）与间接联系渠道（如社交媒体、博客、日志文件等），获得全面的、360 度全方位的客户个体画像。这就是所谓的全渠道，它有助于创建个性化和连续的沟通响应，使营销获得更好的品牌价值，从而使企业取得竞争优势。同时，由于通信成本的降低，全渠道可以变得更加精简，进而直接影响到终端。

客户体验——关注以客户为中心的方法

到目前为止，传统组织还没有建立与客户之间的密切关系，这是长期以来一直影响金融服务业的"顽疾"。过去几年里，让人毫不诧异的是，事情已经发生了根本性变化。客户基于其新的需求和期待选择不同的方式。千禧一代（1980—2000 年出生的人）正在引起客户群体特征的巨变。

创建全面的客户满意度调查和反馈机制非常重要。大多数金融服务机构使用相对较小的样本进行客户调查。新的解决方案使金融机构能够对整个客户群（及通过社交媒体带来的可能的前景）进行调查，并以快速和经济的方式处理调查结果。以这种方式，它们可以从客服响应中获得更真实的信息。

这种"去中介化"过程对传统组织有两个重要的警醒：

- 它们正失去市场份额，被新进入者取代；
- 面对环境变化它们需要改变方法。

所有金融科技创新都采用"以客户为中心"的方式，即无论选择什么样的计划，客户都必须在其中发挥关键作用。"未来属于业务运营中以客户为中心的银行"。

通往以客户为中心的组织的路途充满了困难和障碍。那些愿意开始这个旅程的传统公司一定会面对错综复杂的抵制，任何时候内部的陈规旧习都可能成为难以突破的瓶颈。

在传统组织的战略中，分析金融科技创新如何加速以客户为中心的整个培育过程是有用的。普华永道公司进行的一项调查提出了这样一个问题："您认为金融科技在哪些领域对您的业务影响最大？"表 3.2 显示了调查结果。

表 3.2　金融科技对以客户为中心的业务的影响（普华永道 2016）

受金融科技影响最大的领域	受访者占比（％）
通过新产品满足不断变化的客户需求	75
利用现有的数据和分析	51
加强互动并建立信任关系	42
利用复杂的操作功能增强业务	42

根据普华永道的数据，只有 53% 的金融机构认为它们完全以客户为中心，而对于金融科技创业企业而言，这一比例超过了 80%。

麦肯锡在为企业设计以客户为中心的组织建议中（2012 年）定义了一个清晰、有效的过程。

- 愿景和定位：建立一个客户想要的银行和员工感到自豪的机构。
- 客户参与模式：设计一个组织，在客户有所期望时提供超越其期望的客户服务，在客户无所期望时给客户以惊喜。
- 发展议程：确定综合发展议程，以推动短期收益和长期增长。
- 组织、能力和洞察：形成维持动能所需的洞察力、组织能力、治理能力。

金融科技企业应该识别和塑造客户接触点，以确保能提供恰当的客户体验，同时不断提升品牌形象。客户的满意度和忠诚是企业成功的主要衡量参数，因为这能增加销售额并吸引新的客户。我们强烈建议采用结构化的方法。在这种方法中，客户洞察单元可能是每个业务线的一部分，目的是在所有决策过程中实现以客户为中心。客户的中心化不应该是组织展示给客户的"秀"，而应该是"活"在日常运营中的行为。组织应该以实现即时的解决方案进而满足客户为目标，完善内部职能，支持客户中心化的战略。

建立和塑造支持客户中心化的企业文化很重要。此外，客户中心化意识是否深深植根于员工心中也至关重要。麦肯锡为传统组织提供了一个测试来诊断它们是否以客户为中心。测试由三组问题构成。

- 愿景和定位：
  — 品牌和愿景是围绕特定的客户"承诺"而建立的；
  — 品牌和愿景对每个人都是可见的，并可指导其基本行为。

- 发展议程：
  — 银行对各业务条线的客户有清晰的认识；
  — 银行以系统和经济可持续的方式明智地投资于优良客户体验；
  — 以优良客户体验的几个关键点为中心；
  — 有以客户为导向的活动都植根于经济目标；
  — 银行要瞄准客户的"心灵和思想"以获取其忠诚，瞄准其"钱包"以获得分享；
  — 银行要协调跨职能的收入创新计划，并利用完整的营销和销售工具包。

- 组织、能力和洞察：
  — 银行要拥有一个以客户为中心进行业务决策的组织结构；
  — 员工拥有与客户中心化发展议程相匹配的理念和能力。

组织应该充分考虑客户多变这种特质，把他们放在计划和策略的中心。正如本书后面的阐述一样，为了适应公司的不同情况计划和策略需要进一步具体化。

收入——关注客户终身价值

居于前沿领先地位的金融机构应该利用外部数据进行精准定价，为客户和组织创造更多附加值；使用实时位置和业务特征，基于客户如何以及在何处使用金融服务（如保险）数据，可以进行更适当的客户风险定价。

从收入（也即定价）的视角来看，这里需要考虑三个重要概念：客户终身价值、价值创造和交换及价值共同创造。

这些概念为客户选择和营销资源分配提供了参考性指标。通过一个动态框架，管理者能够利用跨渠道的市场营销，主动维护或改善客户关系。企业还可以在利用交叉销售提高销售潜力的同时，为客户创造最大的附加值。例如，在近乎实时的环境中分析文本和语音，企业可以获得新的机会，通过提供交叉销售和追售能力可以将呼叫中心从成本中心转换成服务—销售（Service-to-Sales，S2S）中心。

流程和活动——关注营销

金融科技创业企业正在为其目标市场提供独特的产品和服务。然而，这些组织实际上正面临有害的、可能导致失败的威胁。它们的目标市场大部分时间甚至不知道它们的产品或服务，即使知道，可能也看不到其所有的好处。

此外，根据世界经济论坛发布的报告（2015年10月），金融科技创业企业的市场份额仍然很低。以贷款市场为例，它们的融资金额还不到全球银行贷款总额的1%，但是增长率很高，并且在未来几年会继续增加。金融科技企业将充分利用它们的市场营销部门来完成工作并成为赢家。

金融科技创业企业应该通过简单而系统的运营来追求这个过程。企业在生命周期的初期阶段，正确关注市场营销和计划是非常重要的。虽然企业常常是事后才会想起这么去做，但为了从营销方面获得回报，这通常是管理层手中最有用的工具。连续的新闻发布可以促进品牌在整个市场的传播。在企业生命周期的这个阶段，管理层应该积极参与到营销计划的系统更新中，新的计划应该包括更为复杂的工具。在高层管理团队中引入被认可的新成员也是一种选择。为了帮助客户做出更明智的财务决策，组织应该进行客户教育。

制订有效的营销计划可能需要以下几个有用的解决方案（见图 3.8）。

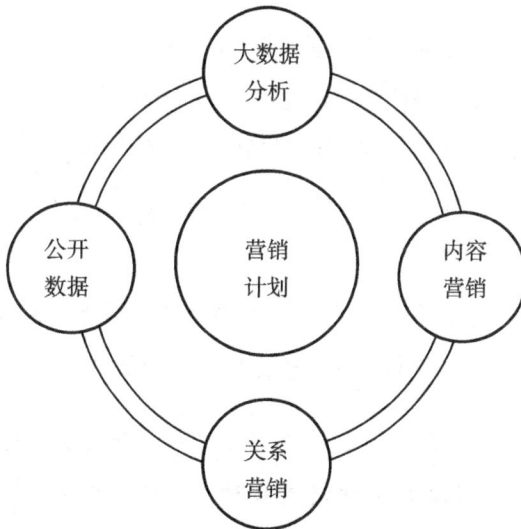

图 3.8　一个有效的营销计划的组成部分

- 大数据分析：新的软件产品和工具已经进入市场，即使对于小型初创企业来说，它们也更容易获得大数据（无论是结构化的，还是非结构化的）。
- 公开数据：公开提供的数据不受所有权、专利和版权的限制。
- 定制的客户内容（Customized Customer Content，3Cs）：这是利用社交媒体渠道开展的营销活动。埃森哲的银行业务博客就是一个很好的例子，说明了新媒体如何对公司的市场拓展产生重大影响。

- 关系营销：公司的主要目标应该是与客户之间建立起忠诚的长期性关系。这个任务也可以通过社交媒体渠道、大数据分析和技术来实现。客户知识管理对于消费者和金融市场来说都是特别重要的。

资源和系统——关注技术

近几年是金融服务业技术创新和扩张的时代，金融科技企业正在集中力量生产和提供领先的解决方案以服务于目标市场，传统组织过去从没有这样做过。金融科技创业企业不仅要保持创新的步伐，还应该沿着这个方向积极地继续前进。即便不久的将来，市场的自然回落不可避免，这样做的企业也能够生存下去。

下一章将关注金融科技企业在创新和先进技术方面面临的挑战，并给出一个更广泛和完整的答案。答案将主要包括以下内容。

- 使用数据来查找规范性和预测性信息。研究如何通过传感数据和实时响应来改善用户体验是非常重要的。规范分析可以提供有关交易或行为中的风险行为预警。机器学习算法可以从各种来源获取数据并使用它们来产生预测信息。这对金融科技创业企业尤其有帮助，因为它们缺乏传统金融服务企业所拥有的长期信用记录。
- 使用社交媒体的自然语言处理（Nature Language Processing，NLP）和文本分析及呼叫中心对话的语音分析。基于金融技术的服务可以提高情绪分析能力，更好地满足客户服务改进目标，即使客户尚未明确地表露情绪。
- 通过使用语义引擎等技术来增强搜索。虽然一些搜索内网文档的创新方法可以在非结构化文档中提供快速搜索功能，但并没有多少金融机构使用这些解决方案。公司的财务部门和呼叫中心都可以采用这些方案，以提供实时的建议。

- 优化呼叫中心和中间部门的工作负载。分析交换机（呼叫明细记录）的网络数据并将它们与交易相结合，有助于了解谁执行了操作、执行了哪些操作以及执行是否有效，也有助于为员工和中介提供指导。

伙伴关系与合作 ——关注金融机构

金融业对金融科技初创企业的关注日益增加。传统金融机构正以不同的方式接受创新挑战，一些金融机构变得多元化，成为风险投资者，还有一些成立了创新实验室，积极参与企业孵化器，以缩小技术差距。总而言之，传统金融机构正在采取不同的解决方案，试图简化流程，推动数字化转型。一些金融科技初创企业正在以崭新的方法进行探索，努力抓住金融巨头们尚未意识到的机会。未来可能会有所不同。许多专业人士就未来趋势达成了共识，即创业企业会越来越多地转向实现和优化现有业务，而不是颠覆它们。这是金融科技创业企业与传统金融机构合作的一个有趣步骤，这个过程将是双向的。到目前为止，金融科技创业企业一直在迫使大型金融机构重新定义它们的策略。未来我们将会看到相反的情况：大型传统金融机构对金融科技创业企业的策略影响越来越大。

成本和投资——关注风险

成本和投资是金融科技创新的重要议题。在传统金融机构中，由于管理层过分关注成本和风险，所以往往对金融科技创新缺乏完全开放的态度。新型的创业企业则总是面临资金问题。通常情况下，对它们来说钱并不是很充裕。

我们可以利用简洁的数字化解决方案对成本进行管理。风险伴随着金融科技创新。通过移动电话或其他数字设备提供品类众多的产品，企业就会面对客户风险，市场参与者和监管者需要识别、评估和降低这类风险。由于消费者权益保护出现问题会对金融科技创新产生负面影响，所以在此之前进行上述风险管理是必要的。客户的信任对于金融科技创新的推广和成功至关重要。关于客户风险的宽泛讨论已经超出了本书的范围，但它们的普遍存在表明，这是市场参与者和国际性政策制定中一个重要的新兴问题。目前在普惠金融领域有一个共识，即大家对这个更广泛的话题都知之甚少。如何平衡减轻客户风险和推动金融科技创新？许多正在进行的工作就是为了加强所有参与者对这个问题的理解。

为了更好地开展新业务，特别是保险行业的定价，风控官可以关闭定价风险和交易与财务影响之间的闭环，评估存量客户的损失和欺诈倾向。这有助于最大限度地降低风险和保证货物的安全，并适当地对风险进行定价。它也可以帮助改善实时风险决策。

四、结论

金融科技创新的重点在于向目标市场提供和传输最尖端的技术，这是过去很多年传统机构没有做的事情。金融科技为什么诞生？为谁而生？它的目标是提供什么产品？何时何地开展业务？金融科技又是如何工作的？本章提供了这些问题的答案。

本章通过对金融科技行业的几种分类的介绍，试图全面展示这个行业。但实际上，分类之间的界限并不总是清晰可辨的，它们是不确定的、充满变化的。

人们通过使用视觉框架分析商业模式（本章描述了一个这种模型）希望为金融科技创业企业提供一些支持，帮助它们在这个群星荟萃但分散的行业中获得竞争优势。本章提供的是一般性的指导方针，我们需要进一步的细化措施才能将其真正付诸实施。本书后面的章节会进行这项工作。虽然我们愿意看到改进了的模型，但目前的内容已经可以充当分析金融科技创新的重要工具了。

每个创业企业都应该把重点放在以下方面：

- 市场 —— 关注目标；
- 产品和服务——关注增值；
- 渠道——关注社交和全渠道；
- 客户体验 —— 关注以客户为中心的方法；
- 收入 ——关注客户终身价值；
- 流程和活动——关注营销；
- 资源和系统—— 关注技术；
- 伙伴关系和合作 —— 关注金融机构；
- 成本和投资 —— 关注风险。

只有这样，金融科技创新才会繁荣，才不会消亡。

创新是这种商业模式的指导原则，因为只有设计或实施了新的业务方法，金额科技才能具有竞争力。

商业组织应在其涉及的每个领域实施创新（无论是边缘的，还是颠覆性的）。下一章将深入讨论这个话题，分析金融科技企业如何为金融服务业带来创新，特别是分析它们对整个金融体系产生的影响。

The Future of FinTech
Integrating Finance and Technology in Financial Services

第四章

金融科技创新

一、引言

金融科技创新的一个重要方面就是其固有的创新态度。这是一个旨在为金融服务行业提供创新的全球性现象。金融科技创业企业依赖创新，特别是新技术手段，通过在线和移动渠道提供服务。这对整个行业产生的影响便是使传统金融机构脱媒。

金融科技可以以不同方式向市场传递创新：

- *产品创新；*
- *流程创新；*
- *组织创新；*
- *商业模型创新。*

基于上述分类，本章对这几个侧面进行深入观察与思考。本章为每一个分类提供了现实生活中的案例，使理论与实践相联系。有必要强调的是：金融科技创新是非常有活力的。案例是有用的，但它们可能随着时间消失。这就是本书为何强调模型而不仅仅依赖案例的原因。

本章分析了一些与之前分类相联系的重要创新（见表4.1）。

移动性、大数据分析、机器人和技术型组织可以被认为是这种分类在一些金融创新计划中的反映。分析真实案例有助于评估当前正在颠覆金融业的变化。

表 4.1　创新分类

分类	创新的例子
产品创新	流动性
流程创新	大数据分析等
组织创新	机器人
商业模型创新	技术型组织

二、创新和金融科技

上一章开发的模型与安永公司报告中使用的模型是一致的。金融科技创新主要考虑的因素包括以客户为中心的方式、关注技术和数字渠道、扩大并赋能客户基础（见表 4.2）。

表 4.2　金融服务的创新

传统模型	数字创新	为何创新
使用技术的主要目标包括提高员工生产率、合规性，以及不同传统 ICT 系统的整合度	设计精良的平台，通过数字和移动渠道聚焦于简单、快速、直观的工作流程	（技术）创新旨在通过为投资者提供财务建议来提高客户体验
传统营销和广告一般是通过宣传册、公司网站和直接邮寄来进行的	编辑内容吸引读者，通过线上进行公开金融教育，重点关注人与人之间的联系，对客户端财务健康状况提供持续的反馈	通过数字或移动渠道，以平实的语言聚焦人际关系和金融教育，以此来提高投资者的认识，这带来了更多的信心、信任和参与
资产管理费率一般在 100 个基点以上，难以理解，在投资者中知名度并不高	平均费用率在 25 ～ 50 个基点之间，在提供节省成本这个选项的同时，也提供跨账户费用分析的免费工具	利用低成本的交易所交易基金（ETFs）和股票债券指数化功能，以较低的价格和透明的费用结构实现投资组合的多元化

数字化转型和金融科技

对于传统组织来说，何时接受金融科技的创新浪潮是有意义的？这是一个重要的问题。

有人认为数字化转型仅仅是利用数字技术以定制化的方式更有效地销售产品和服务客户。

对数字化转型的其他解读有以下几种：

- 数字化创新的新应用，如营销；
- 运用技术推动商业流程的创新；
- 诸如优步（Uber）之于出租车行业、爱彼迎（Airbnb）之于酒店行业等。

对于执行者来说，真正的问题与其说是数字化转型的定义，倒不如说是面对这种挑战／机遇时的策略是什么，以及如何在数字化转型愿景下统一组织。定义会影响到战略及会谈的水平，因此尤为重要。执行者往往不知道如何实现变革，以帮助他们的组织在颠覆性变革时代保持盈利能力、可持续性和竞争力。

事实上，大多数企业都不愿意颠覆自己的行业，原因往往是担心客户基础或者利润被蚕食。因此，许多执行者偏向于用数字技术对他们的行业进行微小的调整，而不是从根本上创新业务模式。Clayton Christensen（2013）等许多学者认为，在现有业务之外同时开展新业务往往是通向更好世界的最佳实现途径。这意味着组织可以一边在当前业务中运用数据和技术，变得更以客户为中心，一边同时尝试更多的颠覆性技术解决方案。

我们的建议是管理层应该开始讨论他们业务中的4Cs——Context（环境）、Customers（客户）、Challenges and Costs（挑战与成本）、Competitors

（竞争者），以便于对数字化转型、技术和客户行为在未来几年如何影响他们的组织有更清晰的认识。这是一项事关清晰且简洁语言的练习，使得组织可以基于对挑战和期望结果所形成的共识来构建数字化战略。

然而，Forrester Research 的研究显示投资的积极成果尚不清楚：73% 的管理层认为公司有数字化战略，但只有 21% 的人认为这是正确的战略，并且仅有 15% 的人认为他们有技能和能力来执行。

分析数字化转型以确保其成功是十分重要的。对于这点，回答以下问题很重要：

- 为什么数字化可以改变组织结构？
- 转型是为了谁？
- 转型应该提供什么样的产品？
- 转型在哪里发生？
- 转型何时发生？
- 如何完成数字化转型？

管理层则需要面对更加详细的问题。

- **为什么**：进行数字化改造的原因是从效率和经济角度来改进业务。特定行业数字化转型的本质并不是显而易见的。例如，Uber 可能在未来几年对出租车行业产生巨大影响。通过将个人交通工具转变为物美价廉的服务商品，Uber 可以蚕食汽车和汽车保险业市场。
- **有关什么**：在有数字化能力的公司图谱里，最好的公司是哪家？管理者对于这个行业和企业的未来可以从它们那里了解到什么？组织必须了解客户的行为，而不是简单地关注直接竞争者。需要解决的问题不仅仅是创建应用程序或者智能化网站，还需要寻找方法，在每个有接触的、实体的或虚拟的场景中运用客户数据来创造更有意义且相关的用户体验。

- **谁**：数字化转型要求制度变革，这种变革是指机构如何在数字工具和渠道的帮助下理解客户并与客户沟通。这种变革势在必行。如果不进行，其他的一切都是徒劳。数字化变革具有现实性和可管理性的优势。

- **哪里**：在未来的几年中，随着数字技术的发展，企业应该在哪些方面进行改变以维持和扩大市场份额、提高利润并确保恰当性？

- **何时**：组织应该何时投资于金融技术？简单地回答"总是"显然违背"任何金融机构只是有可能投入"的现实。通过密切关注竞争对手和技术环境，管理者需要阻止新型技术和颠覆性竞争者对其市场份额的攻击，需要创建、部署和管理必要的战略以保护其市场份额，并确定运用数字化转型来扩展新服务及市场领域的方法。

- **怎样**：数字技术究竟是如何改变客户的行为方式，以及在位的、新兴的和潜在竞争者的业务模式的？

对于如何实施新战略，每个行业的答案都不尽相同。有些企业将拥有高瞻远瞩的领导力、敏捷的流程、创新的文化、开放的数字技术和现代的技术平台，这样它们就能够更加全身心地拥抱数字化转型。

在进行数字化创新时，参考创新模式非常重要。组织应全方位地进行数字创新。为了应对这个挑战，我们可以结合与策略和结构相关联的 Chandler 模型（1962）及 Leavitt Diamond 模型，考虑以下四个方面：

- 结构（组织）；
- 流程；
- 技术；

- 人员。

图 4.1 显示了把这种方法应用于数字策略的一个案例。

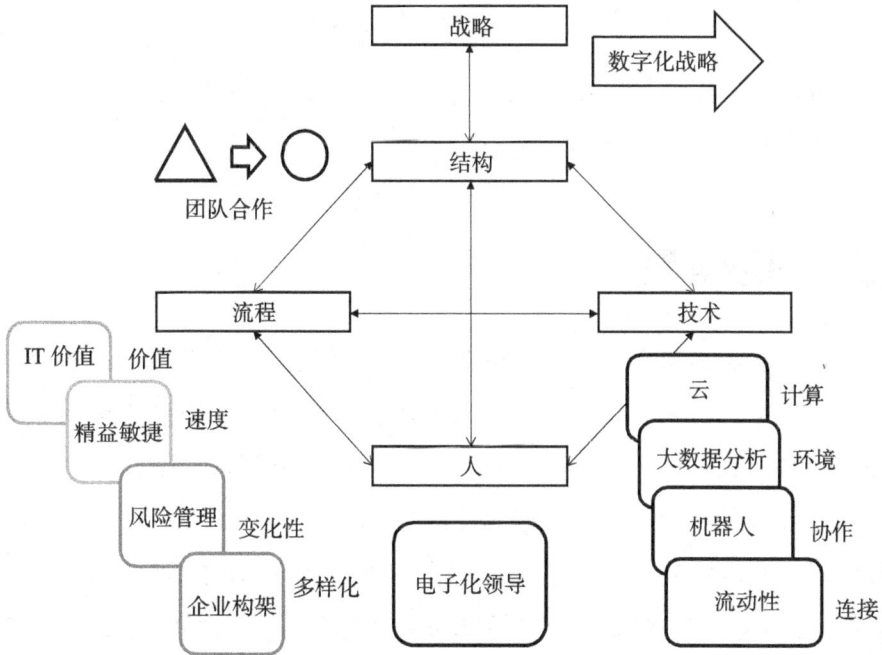

图 4.1　**集成创新战略模型**

保守的领导力、传统技术、监管、独立的流程和不善于接受新鲜事物的员工可能影响许多组织。组织需要关注它们的资产——数据、客户、资源和渠道，并找到将其运用于数字世界的方法。在某些情景下，它们可能需要推出新产品或者接受新的商业模型，甚至需要向一些创新性组织寻求帮助来快速追踪数字化项目。

对于数字化转型来说，关注 3Ps 是十分重要的。

- **产品**：定义组织提供给客户的服务是非常重要的。

- **流程**：新产品的推出也需要考虑流程的变化。产品和流程需要在
  创新中结合。
- **人员**：最后，同时也是最重要的，必须部署和实施创新。管理层
  应该给予员工高度重视，帮助他们并培养其能力。

因此，最终支撑组织进行数字化转型的能力在于其定义愿景、制订计
划、组织实施并使其成为现实的能力。

三、创新类型

"企业必须凌驾于过去的成功之上来评估创新，接受变革的必然性。"
为了保持竞争优势，同时应对非友好环境的影响，企业应该不断创新。正
如迈克尔·波特（Michael E. Porter）在《国家竞争优势》（1990）中所述，
"企业通过创新行为获得竞争优势"，"它们在最广泛的意义上进行创新，
包括新技术和新的做事方式"。这些观点从两个角度阐述了各个行业中的
创新：一是基于自身的影响能剧烈改变整个行业的颠覆性创新，二是不完
全颠覆而只是更新产品或流程的演化性创新。

金融服务业正处于产生重大创新的边缘。这一点很重要，因为有强大
的证据表明，这一部门的发展有助于经济增长。

从实践的角度来看，创新包括以下几点：

- 产品（或服务）；
- 流程；
- 组织；
- 商业模式。

产品

金融机构在产品创新方面有很多机会。客户有强烈的兴趣看到这些机构运用新能力开发创新型服务，并接近他们的需求本源。金融机构需要通过满足客户的期望，以高效、独特和经济的方式来增加客户的价值。对于现有企业而言，这并不容易，它们需要接受这些挑战。

例如，保险业有很多基于物联网中相互连接的传感器和硬件的应用。在物联网场景下，物体、动物或人都具有唯一标识符，物联网有能力通过网络传输数据，而不需要从人到人或从人到计算机的交互。借助物联网，金融机构能够以完全不同的方式收集新的数据集并评估当前的风险。这有可能从根本上重塑产品构建原则，减少全球风险池的规模。借助物联网，财产和意外伤害保险从使用统计技术的精算风险评估转向基于实时观测（如车辆的使用和潜在的速度）的结构风险建模，人们将看到颠覆性技术长期且重大的影响。随着时间的推移，医疗保险和人寿保护也可能发生类似的变化。金融机构利用这些机会可以成为市场的领导者，那些不能适应的企业可能会从市场上消失。

流程

金融机构需要重新考虑它们的客户的参与过程。客户对金融服务的整体数字体验滞后于其他行业。在一些关键时刻，比如获得信贷额度方面，事实确实如此。随着客户不断将数字化体验融入他们的生活，他们在期待这些体验的同时，与金融机构的关系也变得更加直接、简单、无缝、有效。

组织

好的流程需要好的组织，比如，需要高效的客户中心来确保其所提供服务的质量。当然，对于金融机构来说，还存在其他获取合同和客户的创新方式。

金融机构以往主要依赖实体渠道，如网点和办事处来提供产品和服务。后来，许多金融机构开始设立市场和客户服务中心，在某些情况下，它们还会出售金融产品和服务。越来越多的金融机构通过客户中心、网站或移动应用直接销售它们的产品，金融机构或某些中介机构直接管理它们。例如，保险行业有所谓的比较类网站（类似于一种"虚拟经纪人"），它不同于以往的经纪人，作为第三方，这类网站使用 Web 应用程序从各种保险公司的在线资源中收集信息，并将它们显示在一个便于客户选择的单独位置。在不到 10 年的时间里，保险比较网站已经成为几个重要市场中汽车保险的主要分销渠道。在英国，超过 60% 的在线汽车保险都不是消费者直接从保险公司的网站购买的。除了比较类网站，另一个对寿险产品来说很重要的渠道是银行，即所谓的银保渠道。目前，银保渠道倾向于出售财产和意外伤害保险产品。

从金融机构的角度来看，伴随着更多的虚拟渠道，如网络或移动电话，通过某种方式"了解你的客户"（know your customer，KYC）是至关重要的。不仅从风险管理角度，而且从营销和财务等角度来看，KYC 都很重要。越来越多的人可以使用大数据分析来支持 KYC。这是一个对较大的数据集进行检验的过程，这些数据集包含各种数据类型，如公司外部数据，这些数据可以揭示隐藏的模式、未知的相关性、市场趋势、客户偏好、风险行为和其他信息。使用这些数据，就有可能提供非常个性化的金融服务。

我们可以利用大数据分析提取社交网络的结构化和非结构化数据。这意味着提供现场或在线服务，它可以促进社区中有共同兴趣的群体之间的沟通。在社区中，人们使用网站或其他技术相互交流，共享信息和资源等。社交网络也可以成为销售和推广金融服务的重要渠道。

由于几乎所有的金融服务都具有分布式特性，所以最好的发布平台就是所谓的云计算。按照国家标准和技术研究院（the National Institute of Standards and Technology，NIST）的定义，云计算是这样一种模型，它让无处不在、方便、按需进行的网络访问分享可配置计算资源池（例如，网络、服务器、存储、应用程序和服务），可以通过最少的管理工作或服务提供者的交互，快速进行这些资源的配置和释放。

商业模式

越来越多的金融机构需要改变它们的商业模式，并思考适合当今市场的可能的生态系统。这些模式需要多个参与者进行协作。例如，金融服务提供商需要与能够提供和维护连接设备的技术供应商，或与可以支持其他渠道的金融机构达成一致或扩大合作，它们还需要建立更广泛的伙伴关系以确保直接接触客户和有价值的信息。

生态系统重要性的日益上升也带来了风险，这种风险是指新的参与者将在价值链的不同位置进入金融服务市场。新玩家还可以控制这些生态系统——潜在地利用比金融机构更细致的客户洞察力。从长期来看，如果传统金融机构失去对客户关系的控制，其获得的回报可能会更低。如前所述，大数据分析可以在这方面提供帮助。

为了保护其市场，金融机构必须积极构建新的商业模式，这种商业模式旨在满足消费者对数字体验的期望。金融机构应该运用新技术来改善风险评估和业务经营方式。最大的赢家将是传统的或者初创的金融机构，它们有先见之明去发现改变游戏规则的创新，这些创新可能无法立即应用（如在市场营销中），但会对行业产生重大的中期甚至长期影响。虚拟机器人为这个方向提供了一个清晰的案例。

四、创新案例

接下来，我们介绍几个由金融科技初创企业所引领的相关创新案例。

产品创新

移动性是多个金融机构商业计划的核心。分析移动性是什么以及为什么它以如此不可预测的速度增长是十分有用的。

根据 Tiwari 和 Buse 提供的学术模型，移动金融服务是指在移动通信设备的帮助下提供银行和金融服务，提供服务的范围可包括银行和股票市场交易的实施、账户管理和个性化信息的获取。

简单地说，移动金融服务是由金融机构提供的服务，它允许终端用户通过两个特定的组件来执行金融交易：

- 移动设备，如平板电脑或智能手机；
- 为在移动设备上使用而设计的软件，通常称作 App。

对于金融机构来说，处理交易可能是昂贵的。通过允许客户使用在线或移动设备直接执行一套金融交易，可以减少其访问实体网点的需求。访问速度也是客户价值的重要组成部分。尽管企业正朝着内部流程全面数字化的目标迈进，但我们仍然很难想象手机作为自动提款机的世界是什么样的。银行及其分支机构仍有存在的意义，特别是对于复杂的金融交易，如抵押贷款或大额投资。

图 4.2 显示了移动银行从更广泛的角度为用户提供的服务的种类。
基于产品创新的分类包括五个方面：

- 账户信息；
- 付款；
- 存款；
- 投资；
- 支持和内容服务。

目前，金融机构提供的大部分金融服务都是交易性的，支付和转账是
交易性服务的主要内容。

移动金融服务和金融科技

根据安永公司（安永金融科技采用指数，2016）的调查，大多数数字
化活跃人群利用金融科技服务进行支付和转账。这些是移动银行应用程序
提供的典型服务。表 4.3 显示了安永公司年度调查的结果。

正如第三章介绍的模型那样，传统金融机构和金融科技初创企业面临
的挑战之一是保持以客户为中心的业务方式。金融科技初创企业采取的方
法是在目标导向、积极主动的环境中发展与用户更丰富的互动，将移动设
备变成虚拟顾问。一个清晰的、大的业务图可能支持上述整个过程。移动
金融服务应用软件可与其他创新相结合，这通常被归类为非产品创新，例
如，将大数据分析技术与机器人顾问相结合。通过分析、处理用户和市场
信息，这些技术有助于为产品的最终用户提供高度定制的产品和建议。例
如，它们可以建议需抚养家人的老年人把他们投资组合中的一小部分投资
于股票。

前一章分析了一些近年来投放市场的创新产品。每个产品都有自己的

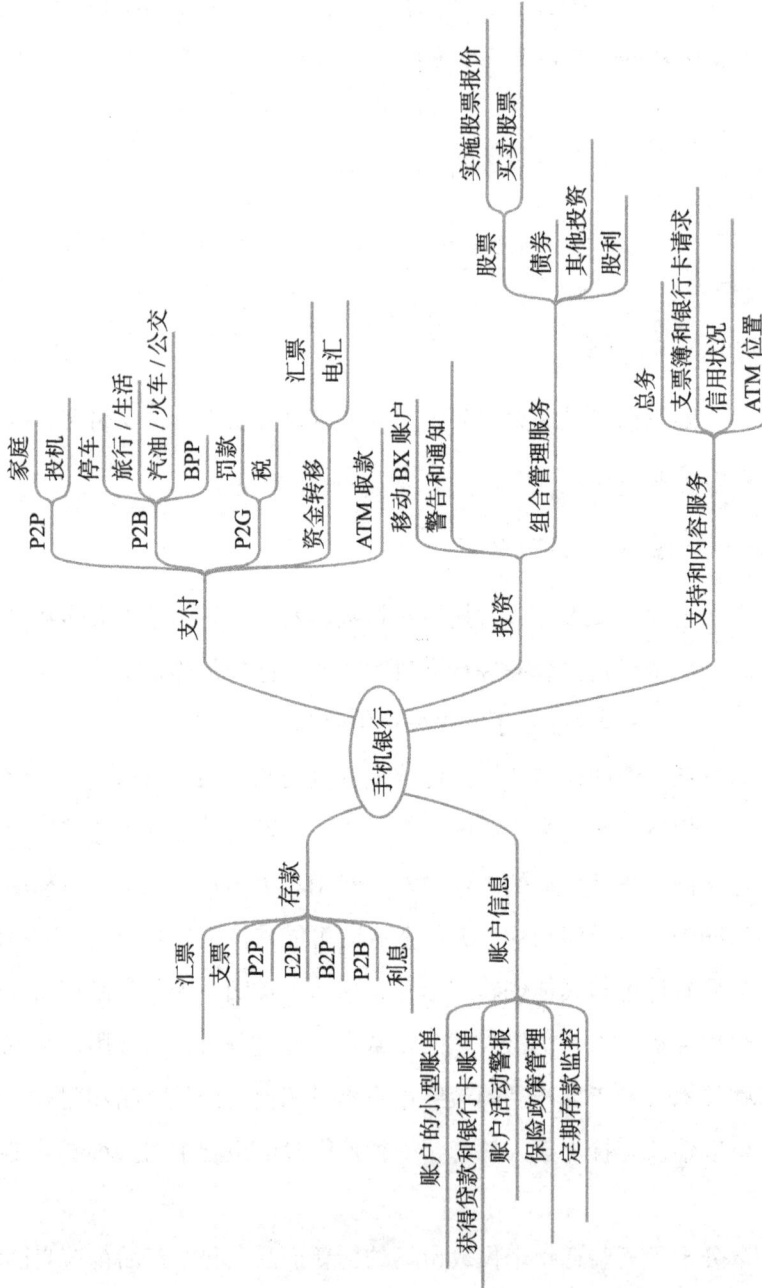

图 4.2 手机银行所提供的服务

特点，这些特点可以很好地从其他市场中区分出创新产品业务。第三章所阐述的开发框架对金融科技机构如何以最合适的方式管理它们的移动金融服务提出了建议，这很有意义。

表 4.3　最常用的金融科技服务（安永 2016）

交易	事件	百分比（%）
转账 / 付款	• 使用非银行转账 • 在线外汇兑换 • 海外汇款	17.6
储蓄 / 投资	• 网上股票经纪 / 点差交易 • 在线预算 / 计划 • 在线投资 • 股权和奖励众筹 • P2P	16.7
保险	• 使用远程信息处理车险 • 医疗保险费汇总	7.7
贷款	• 通过 P2P 网站借款	5.6

将模型应用于移动金融服务提供商

前一章构建了一个适用于所有在金融行业中开展业务的初创企业的框架。作为通用的指导方针，我们认为高度异质的金融科技初创企业所面对的主要挑战涉及以下关键问题（见图 4.3）：

（1）市场——聚焦于目标；

（2）产品和服务——聚焦于附加值；

（3）渠道——聚焦于社交和全渠道；

（4）客户体验——聚焦于以客户为中心的方式；

（5）收入来源——聚焦于客户终身价值；

（6）流程和活动——聚焦于市场营销；

（7）资源和系统——聚焦于技术；

（8）伙伴关系和合作——聚焦于金融机构；

（9）成本和投资——聚焦于风险。

以下将详细介绍移动金融服务领域对这个模型的应用（见图4.3）。该模型确定了什么能够支持传统组织和初创企业去建立一个方便且具有前瞻性的业务（见图4.4）。

伙伴关系 和合作	流程和活动 市场营销 资源和系统 • 大数据分析 • 聚合 • 虚拟机器人	产品和服务 业务： • 信息 • 交易 • 社交	客户体验 • 以客户为中心 • 情感和联想体验 渠道 • 灵活的银行 • 全渠道	市场 • 客户 • 竞争者 • 监管机构
成本和投资			收入来源	

图4.3　金融科技商业模式画布

与为金融科技初创企业和新进入者建立的原始模式不同，该框架适用于每个向客户提供移动金融服务的组织。该组织的重点应放在五个方面：

- 在价值主张的所有方面均以客户为中心；
- 扩大从信息到交易的业务；
- 创造产品和其他解决方案之间的协同效应，如大数据分析和虚拟机器人；
- 重视敏捷和前瞻的重要性；
- 建立一个简单但安全的解决方案。

一些金融科技初创企业已经为适应未来趋势做好了准备。其中相当一部分企业正朝着模式所建议的正确方向发展。

伙伴关系和合作 聚焦于金融机构	流程和活动 聚焦于市场营销 资源和系统 聚焦于技术	产品和服务 聚焦于附加值	客户体验 聚焦于以客户为中心的方式 渠道 聚焦于社交和全渠道	市场 • 客户 • 竞争者 • 监管机构 聚焦于目标
成本和投资 聚焦于风险			收入来源 聚焦于客户终身价值	

图 4.4　移动服务的商业模式画布

　　根据安永公司在其"安永金融科技采用指数（2016）"报告中的统计，移动金融服务应用程序大多是由客户作为支付"推动者"来构思的。这些应用程序避免了客户为完成一些基本金融交易而访问网点或代理机构的需求。诚然，这个因素在过去发挥了主要作用。因此，仅凭这一点就能证明"数字活跃用户"对移动应用程序的使用率越来越高。

　　如果金融机构不理解变革和创新的重要性，它们很可能会错失成长的机会和潜在的市场变化机会。重要的是，当提到移动金融服务应用程序从"支付服务商"向"数字顾问"转变时，金融机构应扩大其移动业务来抓住这些机会。完成这项任务不是一件容易的事，需要大量的准确的信息。这就是大数据分析解决方案在这个过程中至关重要的原因。

　　大型金融机构对这个领域表现出了极大的兴趣。2015 年第三季度末，摩根大通（JPMorgan Chase）拥有了 2 200 万的移动银行客户基础，它还计划要加大投资。摩根大通的创新和变革之路与金融科技初创企业不同。

对于以金融为导向的大型组织来说，与创新的初创企业的协同是商业计划的中心。初创企业则应该把重点放在以尽可能有效地渗透市场为目标的营销工具上。但它们有一个共同的目标，即向更苛刻的客户交付高度定制和高质量的产品。由于传统组织和初创企业的结构完全不同，因此实现这个目标的方法也就不同。当然，对于大型商业组织来说实施以跟上创新的步伐为目标的合并或组合技术是非常具有挑战性的，因为它们既有的 ICT 基础设施非常复杂。对于新进入者或小型组织，从本质上来说，整个过程更灵活，成本更低，而且更简单。有时，这些企业甚至不需要内部信息技术基础设施，它们可以迁移到云计算，而不需要复杂的"混合"（云计算）模型。而且，云计算允许它们消除任何地理限制，特别是获得它们所需的可伸缩性和按需付费。

聚合是每个组织在其业务计划中应该考虑的下一个步骤，大数据分析解决方案是它的主要工具之一。

我们可以从不同角度，如从非金融服务企业的角度来看待以客户为中心。谷歌和其他成功的科技巨头通过使它们的业务多样化并将其业务导向满足现在和未来的客户需求，确实以创造性的方式获得了经验。这正是谷歌和苹果成功进入不可预见市场的方式，比如进入金融服务业（Apple Pay，Google Wallet），并赚取了很高的利润。本书介绍的模型也适用于这一类企业。传统金融机构和金融科技机构可以提供购买其他产品和服务的途径。另外，它们也可以促进甚至建立平台以便在共同的基础上连接它们的客户，如 P2P 网络或社区。

本书的第十章将更多地涉及这个问题。

流程创新

大数据分析

大数据分析是指对从公司内外收集的大量数据的利用。利用这样的数据集通常是非常复杂的事情，仅凭借传统的应用程序进行加工是不够的。实际上，传统应用程序的这种不足促进了多家致力于大数据分析的公司的兴起和发展。

关于大数据分析，有几个不同的定义。所有数据之间的复杂联系和层级关系，会让事情变得比较复杂。但学术文献没有就大数据分析达成一个统一的定义。有关大数据的定义至少有以下三种不同的观点。

- **基于特征的定义**：大数据技术描述了新一代的技术和体系结构，旨在通过实现高速捕获、发现和/或分析，从大量的数据中经济地提取价值。

- **基于比较的定义**：大数据是超出了典型数据库软件工具捕获、存储、管理和分析能力的数据集。

- **架构定义**：该定义把大数据作为这样一种项目——数据量、获取速度或数据呈现限制了使用传统关系方法进行有效分析的能力，或者要求使用显著的横向扩展来进行有效的处理（NIST）。

现有环境下的大数据分析为金融机构提供了机会，也为金融机构的利益相关者创造了新的机会。若以传统方式处理结构化内容，这些机会是不可能存在的。大数据分析有三个特点，即所谓的 3 Vs。

- **体量**（Volume）：数据的体量相对较大。这里的"相对"一词是针对组织规模而言的，一个小的组织可能把关于大企业的相对少量

数据当作大数据进行分析。大数据分析中的数据是指从每个金融
服务公司内外涌入的呈指数级增长的数据，这些数据已经在内部
生成。这些数据的来源范围很广，包括：

— 呼叫中心的结构化粒度呼叫详细记录（Call Detail Records，
  CDR）；

— 信息通信设备详细的传感器数据，如个人电脑（Personal
  computer，PC）、手机、ATM、收款机（Point of Sale，POS）等；

— 外部信息，包括公开数据、市场调研和其他行为数据；

— 来自社交媒体的非结构化数据、不同类型的报告，等等。

- **速度**（Velocity）：金融机构必须能够尽快地处理、访问、分析和
  报告大量信息，以便及时做出决策，特别是在开放的操作环境中。
  此外，金融机构也需要：

— 减少潜伏期以优化透明度、交叉销售和在不同渠道的销售；

— 提供企业内部网文件的快速搜索，用以研究不同事件和决策的
  影响；

— 减少数据仓库环境中报告的业务交付时间，数据快速处理需要
  资源和解决方案，这样数据就不会"老化"太多；

— 通过点击流量和广告展示捕捉每秒数百万次事件中的用户
  行为；

— 实现数十亿台设备之间机器到机器的数据交换过程；

— 基础设施和传感器实时生成大量日志数据。

- **差异**（Variety）：组织拥有的大部分数据（估计平均值约85%）都
  是非结构化的。这意味着需要进一步加工分析那些没有以连续的
  方式流入组织的数据。峰值负荷可能伴随日常的、季节性的或事

件触发的频率而发生。此外，不同的资源可能需要不同的架构和技术进行分析（音频、文本、视频等）。数据可能来自通常的结构化数据处理环境之外的不同数据源，这些数据源可能包括手机、网络、代理生成、社交媒体、文本、音频、视频和日志文件等。大数据不只是数字、数据和字符串，它还是文档、地理空间数据、三维数据、音频、照片和视频及非结构化文本。处理这样多类别的信息并不容易。传统的数据库系统仅可以处理少量的结构化数据，较少进行预测性和一致性数据结构更新。大数据分析中的数据一般可以归类为：

—— 结构化数据：大多数传统的数据源是结构化的；

—— 半结构化数据：大数据分析的许多数据来源是半结构化的；

—— 非结构化数据集：如视频数据和音频数据。

对非结构化数据类型进行分析是一个挑战。非结构化数据与结构化数据的不同之处在于它们的格式差别很大，如果不花费精力进行数据转换就不能存储在传统的关系数据库中。非结构化数据的来源，如电子邮件、文字文件、pdf 文件和地理空间数据等正在成为大数据分析的相关来源，这些数据也适用于金融机构。

另外，还有其他三个"Vs"是重要的考虑因素。

- 应该关注数据的**"真实性"**（Veracity）。大数据的形式多种多样，质量和准确性难以控制。数据的质量、可靠性和一致性是金融机构希望从数据中提取有意义的信息以支持其决策过程的关键所在，如果数据不能保证真实性，就会引发不同的结果。真实性对大数据分析的影响远远大于小数据。在某些情况下，如关于语音转化为文字的对话或者社交网络中的对话，良好的数据质量能产生有

意义的信息。如果金融机构试图分析宏观层面的现象，数据质量
就更加重要。

- "**漏洞**"（Vulnerability）也很重要。各种大数据分析工具的存在，
使非结构化数据的隐私保护成为一个挑战。

- 最后但也最重要的是"**价值**"（Value）。挖掘客户价值是进行大数
据分析最主要的驱动力。如果客户在与金融服务公司的关系中发
现了价值，那么该价值也应该归于公司。大数据分析的运用应该
为客户和组织增加价值。以客户为中心的金融机构可以从数据分
析中获得有价值的见解。金融机构任何企图收集和利用数据的努
力都是很重要的。如果在不了解业务价值的情况下推出大数据分
析计划，则很容易成为"时髦做法"的牺牲品。金融机构为了从
大数据分析中获得真正的价值，必须实现产品、流程、组织和业
务模式的创新。

学者和从业者已经确定了大数据分析治理面临的主要挑战：

- 分析；
- 捕获；
- 数据管理和质量；
- 查询；
- 数据安全和隐私；
- 搜索；
- 共享；
- 存储；
- 转移；
- 可视化。

本章重点关注如何从数据中提取价值。大量的结构化和非结构化数据包含了各种有用的信息，管理人员可以用这些信息以更高效和更经济的方式实现其目标。

在"大公司的大数据"（2013）调查中，Tom Davenport 采访了来自 50 多家企业的经理以了解企业如何创造价值。根据 Davenport 的说法，大数据分析可以显著降低成本，而不是简单地带来成本优势。此外，大数据分析也有助于确定开展业务的新途径和新方式，实现更好地平衡时间和质量的决策过程。决策者有机会以更快的方式分析新的数据源，而这有可能导致发现新市场、新产品或新服务的"未开发的海洋"。大数据分析还可以帮助实现交叉销售和风险管理（见图 4.5）。

1. 大数据分析的定义

大数据分析是组织即将面临的重大事件。大数据分析在 21 世纪初出现，接受它的第一批机构是在线与初创企业。谷歌（Google）、易贝（eBay）、领英（LinkedIn）和脸书（Facebook）等公司从一开始就依靠大数据分析。谷歌成功地帮助人们搜索数百万个网站和字节的数据，以提供近乎即时的结果和准确的定位。各种大数据分析方法和解决方案有助于获得这种结果。在过去的 10 年里，金融业、制造业、零售业和科技领域的各种行业一直在使用大数据分析来改进流程，或者更好地理解客户、提供服务。

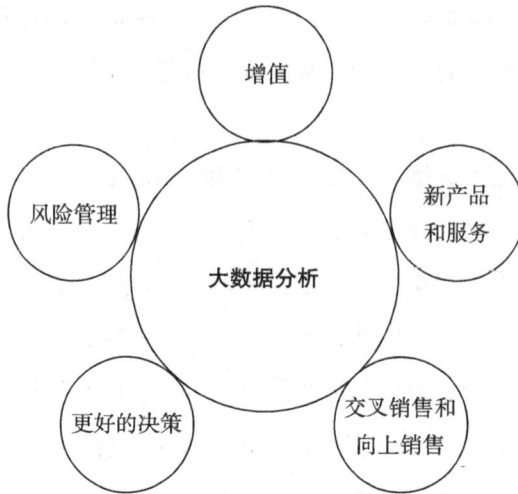

图 4.5 大数据分析的目标

大数据分析可以从存储和处理大量数字信息中产生价值。传统的计算技术在这种情况下效率不高。拥有更多的数据就需要不同的方法：

- 技术、解决方案和架构；
- 以更好的方式解决新问题或旧问题。

目前，大数据越来越引人关注的原因如下：

- 可处理数据量的增长；
- 数据存储容量的增加；
- 数据处理能力的增加；
- 数据（不同类型数据）可获得性的增加。

大数据分析使大量可获得的流程数据变得有意义：

- 沃尔玛（Wal-Mart）每小时处理超过 100 万次客户交易；
- 脸书处理来自其用户群的 400 亿张照片；

- 解码一个人的基因组原本需要 10 年的时间，现在可以在一个星期内完成。

目前，全球每天产生超过 2.5 兆字节的数据，世界上大约 90% 的可处理数据都是在过去两年里产生的。可处理的定义是："能够被处理、适于处理（通过其他计算机应用程序）"。

大数据分析通常是：

- 由机器自动生成，如嵌入车辆的传感器；
- 通常从全新的数据源中提取，如对物联网的利用；
- 数据没有被设计为电脑型格式，如文本流；
- 聚焦于重要数据。

事实上，如果无法处理数据，那么存储它们是没有意义的。

大数据分析是一些流程的结果，例如，

- 交易；
- 来自传感器的数据；
- 社交网络等。

被使用的数据是指：

- 由同一家公司提供的数据；
- 用户、客户和供应商提供的数据；
- 社交媒体和市场上的开放数据（3Cs）。

2. 大数据分析的特点

大数据分析是组织创建、操作、存储和管理大量数据以获取信息的解决方案、流程和步骤。本书使用术语"大数据分析"是因为大量数据本身并不能真正有用。只有大量数据（大数据）和分析它们的能力（分析）相结合，才可以带来巨大的收益。

大数据分析意味着：

- 存储大量的数据；
- 检验（或挖掘）它们；
- 获取适当的信息；
- 识别隐藏的模式、未知的相关性和类似的事情来支持决策。

有 15% ~ 20% 的可得数据是结构化的，其余则是非结构化的格式。虽然管理巨大的数据流具有挑战性，但是能够捕获、存储、搜索、聚合和分析数据的金融机构将会真正获益，如提高生产率和竞争优势及增强客户体验。但是，这些收益不一定来自简单的大数据分析管理，它还来自于对大数据分析所得观点的利用。金融机构利用科学技术有效挖掘有关客户观察的数据，能够获得目标驱动的业务价值，支持和提供新产品或服务，并在这个信息时代保持领先。

大数据分析从已存在多年的分析技术发展而来。现在，组织可以更快、更大规模地使用大数据分析，而且更容易获得大数据分析结果。分析是指在数据中发现和传递有意义的模式，这在记录信息丰富的领域尤其有价值。分析依赖于统计、计算机编程和业绩量化研究的同步应用。数据可视化对于从收集的数据中获取价值尤为重要。

这些挑战是现代信息分析系统创新的主要动力，它们引发了相对较新的自动分析概念的出现，如复杂的事件处理、全文本搜索和分析，也带来了提供信息以支持成功决策的新想法。

大数据分析可以在现场进行。随着组织向云端迁移，其运营数据也将迁移到云端。随着单个实体（设备和资源）生成连续的数据流，基于云的体系结构将变得更加重要。借助云计算，企业可以收集、存储、处理、分析、使用和报告这些数据。

技术的数量、速度和力量已经将经济环境转变为复杂的数据经济体。人们按下按钮就能够执行复杂的全球交易。从高频交易到电子商务到移动电话，世界各地的电脑都在生成大量的数据。所有这些数据都提供了大量的信息，这些信息来自比以往更多的源头，从社交媒体到电子商务交易记录，到手机和全球定位系统（Global Positioning System，GPS）信号，再到越来越多的传感器。

由于大部分数据是非结构化的，并且需要独特的专业知识来理解、组织和分析，所以许多信息是无用的。好消息是，人们已经制定了丰富的大数据分析解决方案，这些方案可以洞察企业的活动，帮助组织使用这种有价值的商品并将其变现。许多方案还可以分析客户的交易流量，帮助组织以更高效、更经济、更合乎道德的方式来支持它们的客户。

研究发现，大数据分析有能力通过提高交易流的利润率来创造利润。对数据的组织和分析可以解析动态过程，得到对趋势、目的、价值、数量和费用的独特见解，这最终会为组织带来机会。

在当今瞬息万变的经济环境中，所有行业都需要重新思考传统的价值主张。大数据分析正在成为一个前沿的选择。这是一种创新的方法，使人们能够更高效、更经济、更合乎道德地了解关键信息。通过将组织中可用的数据解锁，人们能够更好地理解增长和降低成本的机会，在各个方面为成功做好准备。

大数据分析的优势是双重的，它不仅提供了有关业务和市场的关键信息，还对内部流程进行监测。在经济环境不断变化的背景下，大数据分析显然可以支持内部流程的改进。这种可视性给予了组织缩小差距、提高效率，并最终做出更好决策的机会。它还将有助于创建以客户为中心的战略，并改善整体客户体验。

技术推动着企业进行更快、更多的互联，因此大数据分析将成为越来越有价值的工具。借助那些未被开发的信息，组织将能够以新的、有洞察力的方式了解它们的企业和客户。对于许多组织来说，使用大数据分析来识别趋势是一种非常新的方法。直到最近，一些金融机构才开始意识到信息资产的重要性，开始关注这些信息能提供什么，并持续地从中获取新的见解。组织正在越来越多地谈论"数据货币化"。对于有些人来说，深入到大数据分析领域就像是潜入了未知的水域。大数据分析也是金融机构的未来，为了利用不断增加的可得数据，它们必须很好地掌握大数据分析。

在存储大数据时遵循正确的流程很重要：

- 选择数据源进行分析；
- 定义数据模型：关键值、图形、文档；
- 分析数据的特征；
- 提高数据质量，例如，消除冗余或重复的数据；
- 通览、存储和检索数据。

储存大量数据时，下列几个步骤非常重要：

- 基于数据特征，选择正确的数据存储；
- 把代码变为数据；
- 执行多种语言的数据存储解决方案；
- 使业务目标与恰当的数据存储进行联合；
- 整合完全不同的数据存储；
- 把数据引导到编程框架；
- 从已有的存储中连接和挖掘数据；

- 为流程转换数据；

- 监测工作进展；

- 使用高级工具，如 D3.js（数据驱动文件）。

进行大数据分析时还需要回答下列问题。

- 在大数据分析中使用什么类型的解决方案？

- 把数据存储在哪儿？

- 在哪儿处理？是主体服务器，还是分布式服务器/云？

- 如何存储数据并进行分类排序？

- 对数据进行何种处理？

- 风险是什么？

- 是否具备用正确的数据解决正确问题的能力？

3. 分析 3.0

在《哈佛商业评论》的一篇文章里，Tom Davenport 给出了一个分析发展的模型（2013）。

- 分析 1.0 是大数据分析之前的商业智能，主要致力于分析小的内部问题，因为可用的数据量很小。

- 由于大数据分析的兴起，分析 2.0 出现。除了历史分析，它还可用于预测分析。

- 分析 3.0 作为一个新的浪潮，是一种新的解决方案，它将强大的数据收集和分析方法应用到公司的运营和产品中——将数据智能嵌入客户购买的产品和服务中。

Tom Davenport 的引用很有趣（2013）：

"分析 3.0 最重要的特点是，不仅在线公司，而且任何行业的任何类型的公司都可以参与到给定的经济中。"

表 4.4 根据 Davenport 关于"每一代分析的特点"的报告进行了比较分析。

表 4.4　三代分析的特点

时代	1.0 传统分析	2.0 大数据	3.0 数据经济
时间表	20 世纪 70 年代中期到 2000 年	2001 年早期到 2020 年	2021 年及将来
文化	竞争，而不是分析	关注基于数据的产品和服务	所有决策都被数据驱动（或者至少是受影响）的灵活方法
分析的种类	95% 的报告是描述性的	85% 的报告是描述性的	90% 以上内容是具备预测性、规范性和自动进行的报告
周期	月	周	每秒数百万
数据	内部的，结构化的	非常大，非结构化，多源	内部和外部数据的无缝结合，嵌入在操作和决策过程中的分析
		传感器数据爆炸	决策结点可得的工具
技术	基本的商业智能（BI）：报告工具；仪表板；存储在企业数据库或市场中的数据	新技术：Hadoop；商品服务器；内存；开源；主数据管理	新数据架构，超越数据库；新应用架构
		数据质量的标准化显示	具体应用程序，手机；数据字典；完全的数据治理

（续表）

时代	1.0 传统分析	2.0 大数据	3.0 数据经济
组织	分析人士与商业和 ICT 隔离	一些首席数据官出现在一些尖端企业；数据科学家正在崛起	中心化团队，团队成员之间的专业职能；专用资金
	后台统计员	人才短缺；教育项目开始	首席分析官；培训和教育方案

一个新的架构随着分析 3.0 的出现诞生了。在许多大型组织中使用的技术并没有被放弃。在云和开放源码中使用大数据分析解决方案（如 Hadoop）是可行的。

在金融服务中使用分析 3.0 的一个例子是大规模私人金融服务领域——低成本、以客户为中心的金融服务样板：

- 成本低是因为低成本的大数据分析解决方案成为可能；
- 凭借强大的大数据分析功能，为每位客户提供个性化服务。

这将需要：

- 记录客户的行为，在得到他们的允许后，通过他 / 她的访问、交易以及（如果有的话）社交网络来记录其行为；
- 对比为营销、投资或规避风险行为提供有用信息的"模型"，处理所有数据；
- 向客户建议或采取行动，为他 / 她增加价值；
- 报告并获得客户反馈，以改进服务。

这种潜在的顺序尤其适合基于金融技术的服务。移动性也会为客户提供位置信息。如果客户在购物中心，就有可能给她 / 他提供附近店铺的近距离信息。

从隐私的角度来看，客户不得不接受他/她的活动将被跟踪。例如，在某些情况下，如果客户有一些可用的资金，他/她就会愿意接受一些关于如何通过金融服务投资这些资金的建议。接受金融服务公司发到手机上的建议，甚至不需要按某一个键，只需"摇两下"手机就可以了。

对于提供移动性金融服务的公司/机构来说，类似的功能将特别有用。金融服务公司可以向服务企业的财务部门发出信息，提醒其有必要采取行动，如更新一款产品或分配不同金额的信用额度。这样做有助于财务部门妥善处理企业风险。在中小型企业里，经理们往往没有时间或技能去管理流动性，或者没有必要的技能来优化金融服务管理，因此这类企业也非常欢迎上述服务。

4. 大数据分析的价值创造

根据麦肯锡的说法，大数据分析可以通过五种方式为客户和组织创造价值。

- 提高透明度，使利益相关方更容易获取数据。

- 以数字化形式创建和存储更多交易数据，组织可以实时或准实时收集准确、详细的绩效数据。这种做法将使概念验证（Proof of Concept，POC）能够识别需求、提高绩效，尤其是能够提供新的产品和服务，为客户创造价值。

- 为组织提供改进客户细分的工具，从而更好地开发和定制每个细分市场的产品、服务、流程和促销活动（可以达到的极限是为每个特定客户提供一对一的服务）。

- 通过更高端的分析，提供客户洞察服务，使企业采取相应行动，以最大限度地降低风险并改善决策。

- 有利于企业创建新的商业模式，改进其产品、流程、组织和商业模型。

5. 控制并利用数字金融服务中的大数据分析

大数据分析平台不会取代现有的传统数据管理和分析平台，它们只是补充、扩展和改进现有的环境和能力。大数据分析包含两个过程：第一个是控制，这涉及大数据的收集、提取、转换、加载和管理；第二个是收获，这需要相应的技能和解决方案，以便将科学应用于数据，从中获得可操作和有意义的见解，驱动操作。

控制和收获的过程是互补的，它们是大数据分析项目的两个方面。

（1）控制大数据分析

在最基本的层面上，控制过程包括：

- 数据收集；
- 数据的提取、转换和加载；
- 数据管理；
- 建立一个生态系统，不仅可以创建大数据分析，还能保持它。

在过去，数据控制过程要比现在容易得多。使用这些数据的好处是有限的，但今天，由于以下原因，事情变得更加复杂。

- 附加的数据来源，如社交媒体。
- 如今出现的复杂技术，使金融机构拥有了获得这些数据并分析它们的能力。
- 数据的多样性。Gartner 估计，目前产生的数据中 80% ~ 90% 是非结构化的。金融机构可以挖掘到各种各样非结构化数据宝库——文本、音频、视频、调试员笔记、点击流和日志文件——并将它们与其他结构化数据如外汇兑换、股票交易业绩、人口统计数据和地理数据等结合在一起。

（2）利用大数据分析

可以把利用大数据分析的情况分为两种类型：描述性模型和预测性模型。我们可以利用这两种方式得到的判断来推荐行动方案，或指导决策与沟通。未加工的原始数据很难被利用，需要对它们进行处理，以生成对认知形成有用的信息。只有在形成认知的基础上，才可能做出更好的决策。当决策支持操作任务时，这被称为操作分析。

利用过程中所采用的技术和算法，使金融机构能够：

- 分析数据；

- 提出可行的见解；

- 支持智能流程；

- 从大数据分析中获得真实的价值。

一个新的挑战是动态监管要求。例如，在金融服务业，《巴塞尔协议Ⅲ》（Basel Ⅲ）和《偿付能力Ⅱ》（Solvency Ⅱ）及资本充足率要求，可能会迫使小型金融机构也采用内部风险模型。在这种情况下，云计算和开源解决方案可以帮助较小的金融机构采用风险分析方法，并通过预测性分析来支持对代理机构的监控。

组织可以对金融机构的数据进行分析，以描述、预测和改进业绩。具体来说，分析的领域包括：

- 企业决策管理；

- 营销优化和营销组合分析；

- 网络分析；

- 销售人员规模调整和优化；

- 定价和推广模型化；

- 预测科学；

- 风险分析；

- 欺诈分析。

此外，数据分析还强烈需要统计、数据挖掘、计量经济学、商业分析和可视化技术等更多的技能，这些技能为从数据中获取有用的见解提供了坚实的基础。学术机构已经开始提供各种各样的学校课程来填补供需缺口，这些课程旨在激发下一代的洞察力，培养被称为数据科学家的人才。

Celent 调查了许多金融机构。调查显示，欧洲企业的结构 / 文化限制（90%）、缺乏技能（70%）和渠道冲突（67%）是执行公司数字战略的三大挑战。尽管企业的结构 / 文化限制也是全球性的最大挑战（68%），但缺乏技能（50%）和渠道冲突（46%）不被认为是全球性的挑战。关于缺乏技能和渠道冲突，79% 的欧洲非寿险公司和 74% 的受访者表示正面临这些挑战，而寿险公司的这一比例只有 66%。欧洲的金融机构需要分析和技术能力，这意味着那些具备数字分析技能人才的争夺战将会非常激烈。

虽然成功控制和利用数据的能力对大数据分析策略至关重要，但只有在数据捕获过程中，金融机构才可以在分析和流程管理的帮助下从数据中获得真正的价值。在按照明确的"自上而下"的方法提出可付诸实施的判断时，定义用例和假设变得至关重要。

尽管这是一个目标明确的方法，但在很多时候，金融机构需要做一些初步的工作，以便进行数据的探索性分析和提出可以利用大数据分析的案例。这种自下而上的方法是确定和优先考虑用案例来支持大数据分析POCs 的先决条件。

要获得真正的价值，可付诸实施的判断必须在实现战略目标、提高客户增加值和消除内部流程浪费方面产生积极的影响。

6. 金融科技中的大数据应用

根据普华永道公司进行的一项研究，得益于所有业务中数据重要性的提升，金融科技将迎来一个有趣的未来：

- 持续利用大数据分析支持决策过程的公司将击败其竞争对手；
- 约 50% 的现有服务工作将由计算机替代；
- 提供可靠的数据是必要的，尤其是在与监管机构或第三方打交道时；
- 数据生态系统的重要性将迅速凸显；
- 虽然大数据分析基于"越多越好"的假定，但有效的管理仍然基于控制的可靠性和合理的分析；
- 数据治理、质量和安全性非常重要。

此外，金融服务业应该把重点放在数据上，以保证与时俱进。大多数金融科技创业企业已经意识到分析和数据驱动是促进企业发展最好的方法，大数据的多种应用不仅表明了这些企业已经起步，而且也是其具有前瞻性的证据。

金融科技不仅要考虑数据，还要分析数据，这将变得像使用天气预报一样常见。

为了更好地定位自己的品牌，增加吸引力，金融科技初创企业应该加深对环境尤其是客户的了解。例如，了解客户的在线行为，或者了解当客户不与一家特定的金融科技企业打交道时，通常会如何表现。多源数据和聚集、收集与处理它们的工具对每一个希望在市场上获得竞争力的公司都是必需的。

众安保险

"众安保险是第一个从保险监督管理委员会获得汽车保险牌照的保险公司，其业务范围涉及强制交通事故责任保险、机动车保险和保险信息服务。"——陈静，众安首席执行官

众安是一家中国在线财产保险公司，它利用大数据分析来"协助产品设计、自动保险、自动索赔、精准营销和风险管理"。

众安是阿里巴巴、腾讯和平安保险三家公司合资组建的企业。该公司为富裕的中国市场提供了大量的保险服务，同时利用大数据技术，传递由 H2 Ventures、KPMG 和 Matchi 提出的价值主张，这一价值主张是金融科技界非常具有潜力的价值主张。

Kreditech

"三年来，Alexander 和我把 Kreditech 建设成了行业领导者，Kreditech 以一种非常创新的方式完成着一项严肃的使命，而且行之有效。"——Sebastian Diemer，Kreditech 联合创始人

Kreditech（Kreditech Holding SSL GmbH）是一家德国公司，它通过使用专有的算法和技术，提供广泛的定制金融服务，尤其是该公司利用大数据分析技术收集和处理客户的财务数据，并为市场提供完全创新、高度定制的服务。Kreditech 使用一种创新的自学习算法来分析大型数据集（见图 4.6 和图 4.7）。

应用程序不会根据传统数据计算个人的信用评分。在线行为成为了解个人信誉的关键因素，得益于大数据分析技术的传播，就在最近，这已经成为可能。

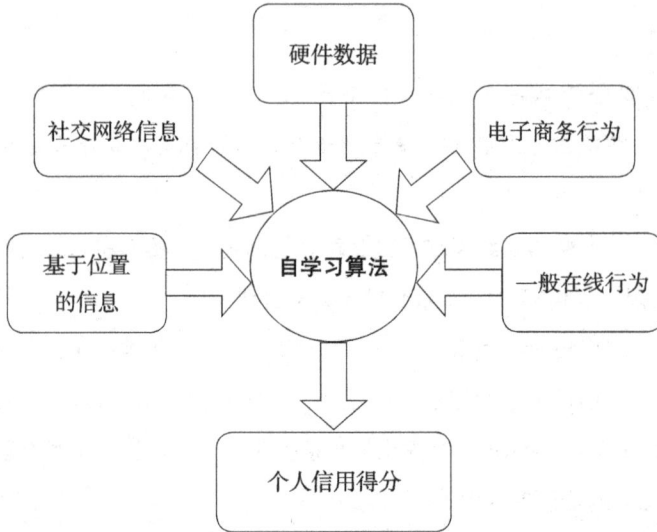

图 4.6　Kreditech 的自学习算法

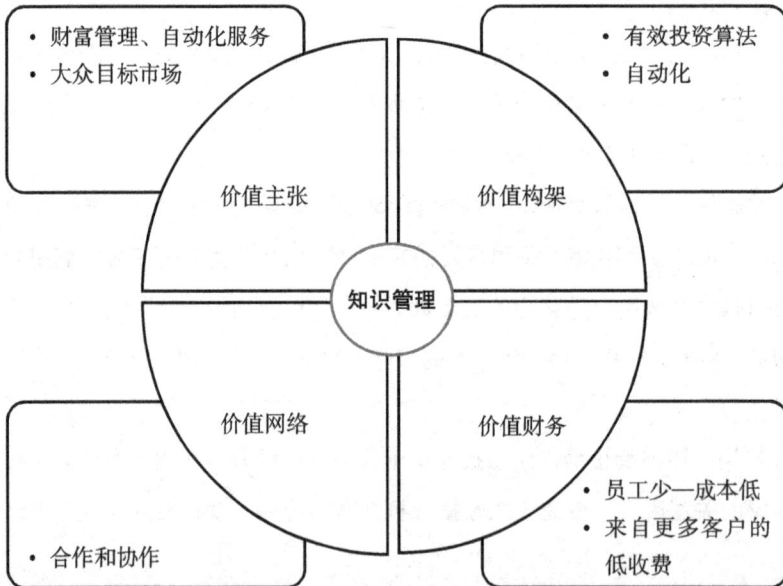

图 4.7　改进的 4Vs 业务模型框架

美国前进保险公司（Progressive Insurance）

"过去五年，我们已经就是否要建立一个测试和学习的内部'实验室'进行了无数次讨论。创新需要一定的速度，BIG 使我们能够在失败中快速创新，在像保险业这样高度监管的环境中创造一流的产品。"——Ray Voelke，前进保险公司首席信息官

美国前进保险公司已经售出了 100 多万个快速产品。保费与监测到的驾驶行为有关，而根据收集的数据确定价格。收集的数据具有巨大的潜力，如今人们在访问的网站、搜索的字词以及创建的社交媒体帖子上留下了大量信息。一些公司已经开始在社交媒体上采集数据，向其（实际或虚拟）代理商提供关于保单持有人生活事件（移动、工作变更、车辆和房地产投资、新生婴儿）的实时信息，同样，保险公司也可以利用数据来遏制欺诈性索赔。

Avant

"Avant 正在为全球范围内未满足的需求提供服务，为数百万消费者提供明白、及时的负责任信贷。我们为过去三年 Avant 取得的巨大成就感到骄傲，同时我们继续相信技术创新的力量，并致力于提高客户的体验。"——Al Goldstein，Avant 首席执行官

Avant 是一家总部位于伊利诺伊州的金融科技企业。Kreditech 利用大数据分析来评估客户的信誉；Avant 则专注于开发能够有效降低违约风险和欺诈的专有软件，尤其是该软件可以应用自学习算法和协议来确定贷款的定制率、时间长度和金额，同时简化借贷过程，如图 4.8 所示。

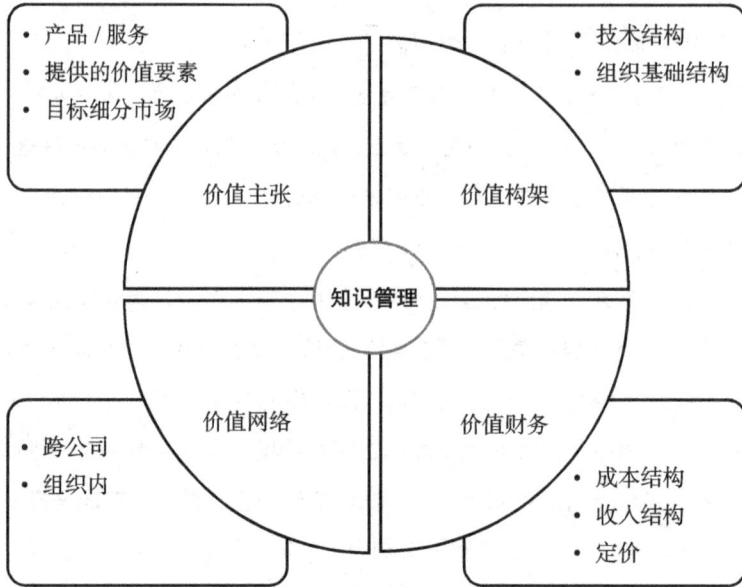

图 4.8 4Vs **商业模式框架**

陆金所

"陆金所是中国大型 P2P 贷款机构之一。它将个人投资者与借款人联系起来，贷款金额约为 1 万美元。"——《华尔街日报》

陆金所（上海陆家嘴国际金融资产交换有限公司）是一家在中国运营的 P2P 贷款机构。陆金所成立于 2011 年，总部位于上海陆家嘴，它为交易和设立金融资产提供了一个市场。陆金所自成立以来已吸引了 25 亿美元的投资。利用先进的大数据技术，该公司成功地成为了世界上极具价值的金融科技初创企业，其市场价值已经增加到了 185 亿美元。

陆金所依托于平安保险拥有的位于 80 多个城市的 100 家店铺进行运营。

物联网

1. 物联网概况

物联网的发展让人印象深刻。思科也把物联网称之为 IoT。物联网是现有互联网基础设施中可识别的嵌入式计算设备的互联。物联网不仅让人通过互联网连接，而且允许任何物体使用互联网进行连接。

为了"连接"到网络，传感器和其他设备都需要诸如交换机、集线器、网关和路由器等网络设备。例如，智能手机、平板电脑或打印机可以通过 Wi-Fi 路由器连接到家庭网络。为了传输数据，设备需要通过网络和互联网协议进行识别：IPV4 和 IPV6 用于 IP 地址计算机，其中 IP 代表互联网协议。

真正的颠覆性技术是将流程与设备和传感器连接起来，企业和人员是在流程上采取行动的，这将有助于目标的实现。就企业而言，目标可能是销售；就人而言，目标可能是买一份靠谱的保险。上述这些环节目前基本是彼此无关的，人们需要从一个环节转移到另一个环节。大多数时候，人们得不到任何帮助。

物联网将会从根本上改变这种状况。得益于各种类型的传感器将越来越多地被嵌入物体中，物联网将能够感知物体或人们在哪里，他／她在做什么，以及他／她接触的是哪个人或物。物联网与预测计算相结合，则能够预测一个人计划下一步做什么，然后帮助其完成相关工作。有人可能会害怕这个"无所不能的大哥"，这可以理解，但不管怎样，对于某些活动，这是一个很大的支持。想想安装在车辆上的黑匣子，就能明白物联网所提供的大量数据和可能实现的创新。

通常，物联网提供设备、系统和服务的高级连接。它涵盖了各种协议、域和应用程序。这些嵌入式设备（包括智能对象）的互联允许几乎所有领域的自动化。在保险领域，物联网可以涉及各种设备，如健康监测植入物、农场动物身上的生物芯片转发器、内置传感器的车辆，或协助远程监视大量设备和情况的现场操作设备。

根据 Gartner 的统计，到 2020 年，物联网会连接近 260 亿台设备。ABI Research（2013）估计到 2020 年物联网将无线连接大约 300 亿台设备。Pew 的互联网研究项目所做的一项调查显示，绝大多数技术专家和互联网用户（83%）认同物联网、嵌入式和可穿戴计算技术将在 2025 年获得广泛而有益的影响。

物联网将允许对特定情况进行近乎实时的远程监控，并使金融服务（如保险产品）的定价更为灵活。例如，有可能收集更多关于客户行为的信息。一些保险公司已经在使用汽车远程信息数据为汽车和运输政策定价。

人们面临的挑战是如何使用物联网，对于一些 ICT 经理来说，这确实是一个挑战。他们需要从首席信息官变成首席创新官。如果他们能够接受，这种挑战将与他们如影随形。

2. 物联网和金融科技

分析金融科技中物联网的普遍使用是很有意思的。物联网在保险行业找到了很好的应用，第八章分析了这个问题。这个应用尚处于生命周期的早期阶段，该技术不需要复杂而昂贵的资源来运行，计算能力有限的设备也可以。

物联网是金融服务行业潜在的改变游戏规则和具有高度颠覆性的因素，这类似于智能手机和平板电脑对金融行业的改变。

重要的是要强调物联网对于用数据交付产品或服务的每项业务的重要性，特别是对于产品和定价个性化的业务。客户将有机会通过他们的智能手机或可穿戴设备在几秒钟做出更明智的财务决策。通过移动设备提供的金融互动将完全是非接触式的，由卡片、文件和表格构成的传统金融服务正在变得过时。虽然人们今天仍然需要经过一定的步骤才能获得做出决策所需要的财务信息，但在物联网时代，这些信息很可能会被实时检索出来。

也许物联网最大的潜在好处之一是在理赔管理方面。在保险领域，通过使用物联网，保险公司可以通过传感器来记录、预测和预防损害。这不仅可以为再保险公司和投资者节约成本，也可以为个人和社区节约成本。

当然，这个过程也面临着一定的挑战，如隐私、安全和监管问题。即使客户从所有这些创新中受益，他们中的多数人也不会乐于见到自己活动的每个细节都被人获知。金融服务提供商很可能将重点放在与他们建立信任关系并提供新服务的能力上。

将物联网与能够集合、收集和处理大量非结构化及多源数据集的其他技术相结合是十分关键的。金融科技创业者能否建立并拥有所有创新的坚实的基础设施，对于其商业模式的成败至关重要。

Visa

"我们每天都在努力工作，使世界各地的商户和消费者支付得更快、更便捷。随着连接车辆数量的增加，我们将网上商务的安全无摩擦选择带给消费者的能力也随之增加。"——McCarthy，Visa 公司创新和战略伙伴关系执行副总裁

Visa 与必胜客和埃森哲（Accenture）合作，正在开发连接 POC 的汽车，以便随时测试移动和在线购物。联网的汽车可以使用 Visa Checkout、Visa 的在线支付服务、蜂窝连接、蓝牙低功耗（BLE）以及在必胜客餐厅部署的信标技术，在客户抵达并准备接收订单时提醒工作人员。

3. 区块链技术

区块链诞生于虚拟货币比特币。它本质上是一个以安全的方式记录交易的数据库。区块链是一个分布式数据库，能够生成所有交易的公共分类账，不完全存储在一个物理位置，而是分散在一个互连的计算机网络上。

区块链是一个去中心化的解决方案。P2P网络的所有参与者都有一整套记录的副本，没有"中央"的权威。网络的每个参与者都可以通过加密和数字签名来操纵分类账，而不会引起安全问题。通过这些数字工具，真实身份（不可见）与密码身份相关联，这对核实和验证业务很有用。区块链及相关的颠覆性技术已经引起了金融界的高度关注。区块链是相对安全、透明且不可修改的。

区块链技术比数字货币本身具有更大的潜力，即使这个概念是与比特币有关的。它使得没有清算中介的点对点交易成为可能。这样可以大大减少交易时间和成本并提高质量。与智能合约相结合，区块链可以自动发行数字证券和交易金融衍生产品。保险业也将为区块链的应用提供新的机会。

在分布式账本中，有两种类型的记录：

- 交易；
- 区块。

交易是整个过程的核心。在比特币的区块链中，交易是用户之间比特币值的转移。区块包含正确的数量和有效交易的顺序，其被不可修改地添加到数据库中。生成的交易不会立即添加到区块链中，它需要被验证，从而产生所谓的共识。区块链技术利用网络达成共识，当大多数参与者就一批未决交易的有效性达成一致时，就将其添加到区块链中。

共识协议对于保护公众账本免受未经授权的更改至关重要。这些共识也是一些公司在业务中利用区块链技术时的差异化对象。

例如，比特币依靠工作证明式挖矿来达成共识。矿工网络通过验证块来竞争奖励。据一些研究人员介绍，这种挖矿或工作证明带来了巨大的成本。在今天的比特币价格和奖励计划中，矿工每天获得约 100 万美元用来保护区块链。以工作证明为基础的协议很慢，需要长达一个小时的时间来确保付款，以防止双重支出。

由于时间和成本问题，已经出现了其他协议，如 Tendermint、ARBC（Asynchronous Randomcied Business Consensus，异步随机化商业共识）、BAR（Byzantine、Altruistic、Rational，即拜占庭、利他、理性）和 SCP（Secture Copy Protocol，安全复制协议）等。从理论的角度看，理想的协议是一个激励相容的纳什均衡，偏离协议不会获得净收益。关于这一点，专业出版物可以提供更多的技术和功能细节。

目前的协议存在多个复杂的因素，远非理想。这就是为什么不同的学者和从业者仍然在努力改善这个有趣而潜力巨大的领域。

区块链技术在几个领域，特别是在金融服务行业具有令人关注的潜力。

区块链提供信任和出处，这些是金融服务行业的关键影响因素。不过，像所有的技术一样，它可能会受到欺诈。美国监管机构表示担心，"类比特币"系统容易因用户勾结而造成欺诈。2016 年，中国香港发生了一起重大事件，6 500 万美元的财产被盗。这个事件表明，通过黑客盗窃也是一种风险。更为重要的隐患是，多个机构运行不同的安全级别并提供多个入口，即使是要求三分之二的用户许可才能交易的 Bitfinex 多重系统，也不能证明是充分安全的。Bitfinex 是否能被劫持，与基于信任的区块链安全性有关，它需要被提高到完全被信任的程度。

4. 不同类型的区块链

关于访问协议，分布式账本可以有以下几种形式。

- 公共区块链：任何希望这样做的用户都可以访问分类账并提交交易以便收录。这就是比特币中使用的区块链技术，许多人认为这是分类账和理想制度的真正民主化形式。

- 私人区块链：只有少数参与者可以查看及提交交易。虽然市场上可以有很多参与者，但只有某些个人或机构可以访问分类账和开发区块链。这种方法类似于金融交易所或现代银行业务，整个过程具有中心化的特点。只有少数机构（经纪人）可以验证这些交易，但任何人都可以参与资产交易。为了提高可靠性和安全性，这种方式牺牲了公开区块链上潜在的更低的交易成本。监督者必须邀请并批准想参与验证网络的个人或机构。在私人区块链中，可以减少达成共识所需的资源，克服区块链在虚拟货币应用中的大问题。

除了公共和私人分类账的划分外，区块链还可以分为无需许可和需要许可的两个相似但又各自独立的类型。

- 无需许可意味着任何人都可以为区块链贡献力量。如上所述，一旦验证，交易将被添加到区块链。在没有权限的分类账中，任何人都可以选择参加这个验证网络，并获得潜在的参与奖励。验证或挖掘过程可能非常复杂。一个组织或个人成功威胁系统的可能性总是存在的，因为足够集中的计算能力可能压倒系统。无需许可区块链存在的另一个问题是，区块链的数据需求限制了这类技术的发展潜力，网络中的每个节点都需要处理每个事务，这是不高效的，特别是随着交易服务（参与节点）供应量的增加。

- 需要许可的区块链在金融机构和基于数字分类账的初创企业中得到了应用。金融机构必须核实个人之间的非现金支付才能完成交易。金融机构对于数字货币验证和记录过程的控制程度是可以理解的，这可以将风险降到最低。交易可能需要更少的时间，并且可能会更便宜，因为交易服务的供应将会更少，导致网络哈希率更低，概念验证解决方案的难度更大，这意味着交易服务供应商的交易费用更低。

当前大多数数字货币依托的是公开、无需许可的区块链，这其中存在着很多安全问题。区块链或许能够确保交易和支付验证在没有集中监督的情况下进行，类似于中央银行甚至银行机构。但是，金融机构和大公司必须保证输入和输出交易的安全性。

5. 区块链的主要潜在应用

可以把区块链作为一个开放的数据，这个数据影响着金融机构与第三方，例如，代理网络、外部供应商和客户等进行的交易。

区块链这样的分布式账本有许多跨行业的应用机会，如可以限制验证、交易记录和访问的分布式账本。尽管这些重大创新影响了谁可以查看或验证任何分布式账本上的交易，但它们对区块链的核心几乎没有影响。分布式账本的基本思想仍然大致相同。

区块链是促进许多对金融服务感兴趣的各方之间数据可用性和交换的非常经济有效的方法。这是一个值得信赖的公用事业服务，可以提高金融市场竞争力。区块链影响了投资组合管理、债券和债务管理及销售和理赔处理。在金融世界，它可以为贸易融资提供强有力的支持。区块链可以帮助建立分布式账本解决方案的智能合约，可以帮助管理客户身份、参考数据和合同或订单中的资产。通过这种方式，还可以提高安全可视性，并确保向金融服务市场提供无缝、可靠和不间断的信息服务。

我们已经对区块链的虚拟货币应用进行了全面的分析，实际上，区块链在金融服务行业还有其他几个潜在的应用。当大型金融参与者（如银行、交易所、清算所或基金）能够信任交易的安全性和波动性时，区块链或分布式账本技术将获得更大的吸引力。前提是，关于分类账设计和验证过程的方法学，业界必须达成共识，此外，金融机构和其他公司也必须认可这项技术在其业务中的使用风险较低。表 4.5 列出了区块链技术的一些主要应用。

表 4.5　区块链技术的潜在应用

市场	政府	物联网	健康	商业、科技
货币	P2P 债券	农业网络	健康标识	社区超级计算
支付	税收账单	机器人技术	智能财产	P2P
金融科技	投票表决	无人机	资料库	AI
保险	合同自动化	智能家居传感器	通用电子病历	人群分析
众筹		自主汽车		
银行业		连接汽车		抵押
采购				智能合约

智能合约的一个应用将通过下列方式运行。

（1）流程开始时，将各方之间的期权合约作为代码写入区块链。有关人员是匿名的，但合同记录在公共账本中。

（2）触发事件，如到期日或执行价格被触发，合约根据编码条款自行执行。

（3）监管者可以使用区块链了解市场上的活动，同时保持个人角色的隐私。

微软、IBM 和其他科技公司正在它们的云平台上推出有趣的区块链服务。这些被称为"区块链即服务"的项目，允许启用者部署它们的半公开或私人区块链。

组织创新：社交网络

麦肯锡公司认为社交技术的前景非常光明。它将社交技术定义为人们使用数字技术进行社交互动，共同创造、增强和交换内容。社交技术有以下三个特点：

- 通过信息技术实现；
- 提供分布式权利来创建、添加和（或）修改内容与通信；
- 使分布式访问能够获取内容和通信。

社交网络作为连接人们的方式越来越重要。在某些情况下（如私人通信），通过社交网络发送的消息数量比传统的电子邮件或短信要多。保险市场营销和销售可以从社交网络的渠道中获益匪浅。

社交网络已被证明是实验和创新的沃土。大多数人和公司会先考虑客户获取或客户服务方面的社交媒体。金融机构使用社交媒体的方式还包括以下形式。

- 使用本公司网站的社交媒体为独立代理人提供平台，分享想法、经验和专业知识。
- 捕获客户的反馈和意见用于产品设计。这是获取关于客户在频道设计、新产品和其他功能等方面需求信息的绝佳方式。

- 使用脸书和领英等公共社交媒体进行人才招聘，因为年轻人更有可能使用这些网站。
- 利用社交媒体补充呼叫中心，帮助减少来电次数。事实上，社区的创建也方便了客户回答其他客户的问题。
- 通过公开的慈善活动、可持续的创新以及其他与保险销售没有直接关系的行为，赋予公司更人性化的"面孔"。

Celent 调查了许多国家应用社交网络的状况。调查发现，68% 的美国公司使用推特（Twitter），而全球使用推特的比例为 42%，领英在美国的使用率为 57%，而全球则为 35%。对应于这种高的使用水平，91% 的美国公司监测了客户对在线和社交网络中品牌的评价，而全球比例则为 75%。在拉美，哥伦比亚等国家已经超越了很多发达国家，拥有比伦敦和巴黎更活跃的社交网络。

Celent 调查发现，与全球同行不同，亚洲保险公司更少使用社交媒体和移动工具与客户和代理商进行互动：只有 30% 的比例使用移动应用程序，低于全球 61% 的一半。脸书的使用率高达 60%，但仍低于全球 71% 的水平。应用程序和社交媒体的低频使用可能表明，保险公司不希望将这些工具用于商业目的。同样，在线和社交媒体监测的使用率也较低（56%，全球为 75%）。

对社交媒体缺乏兴趣可能反映出更普遍的不愿意使用数字工具进行客户对话，至少对于某些类型的交流来说。与全球同行不同，亚洲保险公司更有可能在财务阶段（如报价、交易和支付）与客户进行数字化交互。例如，83% 的地区保险公司提供在线报价，70% 提供在线购买 / 交易（全球分别为 72% 和 66%）。相比之下，82% 提供公司和产品信息，49% 对客户进行品牌价值教育，而全球的这一比例则分别为 92% 和 63%。

Lenddo

"我们一直在强化产品，并为外部机构做好准备，现在我们正处于数据显示算法运行的阶段，可以把它们提供给金融机构。"——Jeff Stewart，Lenddo 首席执行官

Lenddo（FinTech 创新实验室）利用社交媒体提供贷款服务，它可以为新兴市场的人们提供长达一个月的发薪日贷款，目前它已在全球范围内获得了超过 35 万名的会员。

商业模式创新

商业模式描述了组织创造、捕捉并提供价值的基本原理。

经济学文献已经确定了 4Vs 商业模式框架中商业模式的主要维度（见图 4.8）：

- 价值主张；
- 价值构架；
- 价值财务；
- 价值网络。

这个模型由 Al-Debei 和 Avison（2010）开发，阐明了商业模式的主要维度。

就创新而言，4Vs 商业模式框架中四个组成部分的战略性重大变化可被视为商业模式创新，这些变化旨在创造、交付或获取更多价值。如今的发展重点是技术，这在金融服务行业更加明显，特别是对于金融科技初创企业而言。这也是科技组织出现的原因。这些公司利用技术来获得竞争优势，颠覆市场，彻底改变商业观念。

一方面，每一个金融科技初创企业都显示了一种商业模式的创新（参见图 4.6 和图 4.8）。这些公司颠覆其目标市场的程度在某种程度上是衡量其商业模式创新程度的一个指标。某些因素对于金融科技企业的商业计划至关重要，为了更好地理解这一点，我们举几个例子。如果没有有效的投资算法，一个机器人顾问公司如何才能把大众市场作为目标呢？如果没有精心设计的在线平台，P2P 贷款公司如何才能有效运作？这些要素是战略基石，而不是简单的创新。战略基石将集合其他类型和形式的创新，生成一个能识别商业模式创新（Business Model Inovation，BMI）的虚拟闭环。

另一方面，对于 BMI，一些更为严谨的思想学派认为，重点在于商业模式涉及的各个要素创新之间的协同。换句话说，创新应该采用 BMI 方法。这样，它才能变为一个不只是链接单个元素的系统。

因此，创新商业模式不仅意味着创新产品或流程。事实上，BMI 应该被"系统地培育、充分地支持和明确地管理，只有这样才能被赋予竞争优势。BMI 不是单一功能的策略，如增强采购方式或销售模式，只有当一种商业模式的两个或两个以上元素被重新创造，以新的方式提供价值时，创新才变成了 BMI"。

面对金融科技创新时，辨别 BMI 和单一产品或流程创新并不容易。由于这些公司在金融服务行业造成的高度颠覆，人们倾向于将这些公司列为 BMI 的例子。很多时候，它们是"快速追随者"，这意味着它们已经设法在很短的时间内遵循另一家公司的商业模式。例如，如果我们对机器人顾问行业进行检查，很难了解其中哪些企业已经显示出真正的颠覆性 BMI。总体而言，金融科技机器人投顾公司已经引入了全新的商业模式，基于 ICT 基础设施和投资算法，导致了对金融机构和其他传统组织的脱媒。

金融机构在业务计划中应充分考虑自身的 BMI，这对于传统组织来说更为重要。实施创新文化，被变革和创新所激发，是它们成长的关键。一些银行已经表现出对商业实验室、孵化器和加速器的兴趣，这些将协助它们整合外部知识，缩小技术差距。

机器人

机器人是一种技术或技术支持过程，可以执行以前只能由人执行的功能。越来越多的机器人在为金融服务提供支持。投资银行摩根士丹利（Morgan Stanley）在 2015 年 11 月发布的一份研究报告中预测，几家欧洲金融机构将试点机器人顾问（或简称机器人），它们中的多数把与创业企业合作当作最具成本效益的方式。

一方面，金融科技企业一直在用新产品和服务颠覆金融服务行业，用技术创新彻底改变传统的组织模式。虚拟机器人是这一领域的主要创新之一。这项技术在金融服务行业的应用，主要以财务机器人顾问的形式出现。《纽约时报》将机器人顾问明确地定义为以"最少人为干预"的方式提供在线服务的财务顾问。尽管机器人顾问可以提供财富管理服务，但到目前为止，它们主要被用于组合管理。一些美国的机器人顾问初创企业已经开始与老牌公司合作。投资巨头黑石收购了 Future Advisor，而 Betterment 正与金融服务集团 Fidelity 合作，共同为机构投资者提供服务。

另一方面，机器人可以在流程自动化方面提供帮助，这被称为机器人流程自动化（Robotic Process Automation，RPA）。本节将分析金融科技创业企业和传统金融机构在这一方面的有关发展。

1. 虚拟机器人

"今天约有 50% 的服务工作将由计算机替代。"这是普华永道公司发布的一项报告中的预测。许多经济学流派在关注组织变革这一课题，这是一个组织结构连同自身构成要素都在发生重大变化和转型的时期。为了理解企业边界的改变对组织变化的意义，我们有必要换一个思考的角度。

（1）机器人顾问

眼下仍主要是人来提供财务咨询。数字应用也可以提供相似的咨询，但整个基础流程——从产生到交付是截然不同的。人的大脑永远无法像算法那样工作（反之亦然），所以生成的建议内容很少会是相同的，至少暂时如此。

关键的区别在于另一个因素——成本结构。许多经济案例告诉我们，使用数字解决方案能大大降低成本，在某些情况下会更有效。机器顾问可以彻底改变交付的价值主张。

金融服务公司提供负担得起的服务，触达不同的市场，并获得新的客户。这是私人银行和保险公司提供大规模服务的方式。

根据安永公司的报告，投资顾问确实在虚拟化。新进入者通过简化用户体验和降低费用，持续地开发能使它们触达未知模式的新模型，已经极大地改变了市场。

（2）金融科技领域的机器人顾问

分析一些提供机器人投顾和自动程序服务的金融科技创新企业是很有意义的。这些企业正设法降低成本，以获得相对于传统金融机构的竞争优势。

Wealthfront

"我们并不担心大公司能够跟上步伐，它们很难快速创新和提供特性化服务，相反，我们则专注于为这一代人提供更好的投资方式。"——Adam Nash，Wealthfront 首席执行官

Wealthfront 是一家美国公司，通过运用复杂的算法来提供投资服务。该公司投资策略的基础是通过精简的问卷确定风险承受能力、投资目标和投资者预算，之后，进入一个旨在自动调整客户组合的软件驱动的自动化流程，在保持目标分配的同时保持其多元化和税收效率。

Betterment

"我们已经创立了一种与众不同的服务模式，这是一种全新的投资思维方式。"——Jet Stein，Betterment 首席执行官

Betterment 是一家位于纽约的美国公司。这是一个全自动化的机器人投资顾问公司，以极低的费率（与其他完全自动化的公司一样，费率为 0.15% ~ 0.35%，取决于具体的账户）提供自动投资建议。

个人资本（Personal Capital）

"我们是第一家提供先进工具和无偏差咨询服务的数字化财富管理公司。"——Bill Harris，个人资本公司联合创始人兼首席执行官

个人资本（前身为 SafeCorp 金融公司）为客户提供财富管理服务和财务软件解决方案。2016 年，它们管理的资产规模为 26 亿美元。

公司向所有使用 iOS 和 Android 系统的移动设备提供免费的个人资金应用程序，并提供可从台式计算机访问的网络版本。这个应用程序有三个功能：

- 监控；
- 分析；
- 规划。

这是一家投资顾问辅助公司，将机器人顾问算法和人力资本结合起来，定位于提高全自动化投资顾问公司的服务水平。当然，这也意味更高的费率，它每年要收取管理资产的 0.49% ~ 0.89% 作为费用。

它主要的目标客户既包括看重人工投资建议的高净值客户，也包括那些大部分资产配置依赖于个人投资顾问，只进行微小组合变动的客户。这类投资者被称为"放手投资者"。

MoneyFarm

"我们希望让人们能够控制自己的财务状况，并以直接和简单的方式自主管理它们。"——Paulolo Galvani，MoneyFarm 主席兼共同创始人

MoneyFarm 是一家意大利投资顾问公司，从事财富管理业务。它利用机器人顾问算法运行自己的业务，能够为客户画像并提出最合适的投资建议。该公司每年收取管理资产 0.50% ～ 1.25% 的费用。

（3）一种新的商业模式

从事财富管理行业的投资顾问公司可以是以下类型。

- 完全自动化的投顾公司。通过算法和基于软件的解决方案为客户提供数字化服务。定价策略是低收费策略，通常每年收取管理资产的 0.25% ～ 0.50% 作为费用，尤其是面向对价格敏感的千禧一代。

- 协助提供顾问服务的公司。通过数字渠道提供人工建议，提倡数字平台和人工服务相结合的价值主张。由于使用人力资本，费用通常高于全自动化公司，包括按年收取的费率（管理资产的 0.30% ～ 0.90%）加每个项目的月度费用。这些公司的典型投资者来自大众市场，既重视人的指导，又重视技术。

- 传统的投资顾问公司。这一类公司通过人对人提供服务，费率水平最高（管理资产的 0.75% ～ 1.5%）。它们的目标市场主要是渴望可信赖的和个性化建议的高净值客户。此外，传统公司能够针对更多的投资方式提供咨询。安永公司表示，在这种情况下，除了更常见的交易所交易基金（Exchange-traded Funds，ETF）和股票外，其管理的资产中还包括共同基金、大宗商品、期权和结构性产品。

客户对机器人顾问的反应十分有趣。客户倾向于选择机器人顾问和人

工顾问相结合。在意大利进行的一项调查显示，60% 的意大利投资者准备使用机器人顾问，49% 的人表示不会在没有人工顾问的支持下使用机器人顾问。根据施罗德全球投资者研究团队（Schroders Global Investor Study）在 2016 年进行的研究，只有 11% 的样本愿意完全依靠自动化的机器人顾问，这是上述 60% 宣称自己准备立即使用机器人顾问投资者中的一部分。剩下的 40% 的受访者又分为两类：

- 当时没有使用机器人投资顾问，但未来可能会用（31%）；
- 完全拒绝网络交易，需要与咨询顾问直接接触（9%）。

千禧一代（18 ~ 35 岁）最容易被新技术吸引，他们当中 70% 的人愿意依靠机器人顾问。在 55 岁以上的投资者中，这个比例下降到 45%。

根据这项调查，机器人顾问是人工财务顾问的机会，而不是威胁。根据施罗德关于机器人投资顾问的研究，相比于外国同行，意大利投资咨询顾问更加被投资者认可，他们采取了更务实和谨慎的态度。平均而言，人工财务顾问更有可能从中期的角度来看待客户，在可实现的回报方面更为现实。大约 65% 的受访者声称他们更加关心三年这样一个更长时间的投资回报（全球数字为 47%），只有 4% 的人只希望关注一年的投资回报（全球为 10%）。但是，人工财务顾问只为客户得到每年 5.9% 的投资回报，比全球平均水平低两个百分点，这意味着什么呢？

（4）虚拟机器人的未来

机器人顾问正在重塑金融服务行业，特别是在财富管理和投资组合管理领域。原因很简单，金融科技企业一直引领着新的业务模式，预测趋势，并将客户置于战略中心位置。

这些企业遵循的方法与本书中介绍的模型是一致的。它们通过颠覆性技术，专注于数字渠道以及利用适当的自动化资源，在很大程度上呈现出前瞻性的态度。

这些企业通过自动化大大降低了交付服务的成本，从而扩大了客户群，它们还充分进行市场营销活动，向新的客户和市场传播品牌和服务。

机器人顾问公司的未来发展很明确。这些商业机构是去中介化的完美例子，尽管与大型银行和财富管理部门相比，它们的客户群仍然比较低端，但它们可以通过简单直接的行动来革新市场。Kreditech 的 4Vs 商业模型框架如图 4.9 所示。

传统组织不仅仅是只消极地观察市场，部分企业亦参与其中，试图缩小技术差距。它们使用的工具类似，包括创新实验室、企业孵化器、业务加速器和收购等。适用于机器人投资顾问的商业模式如图 4-10 所示。

金融科技企业已经成功地使传统金融组织脱媒，这被认为是众多金融机构选择收购作为弥补技术差距最佳途径的主要原因。

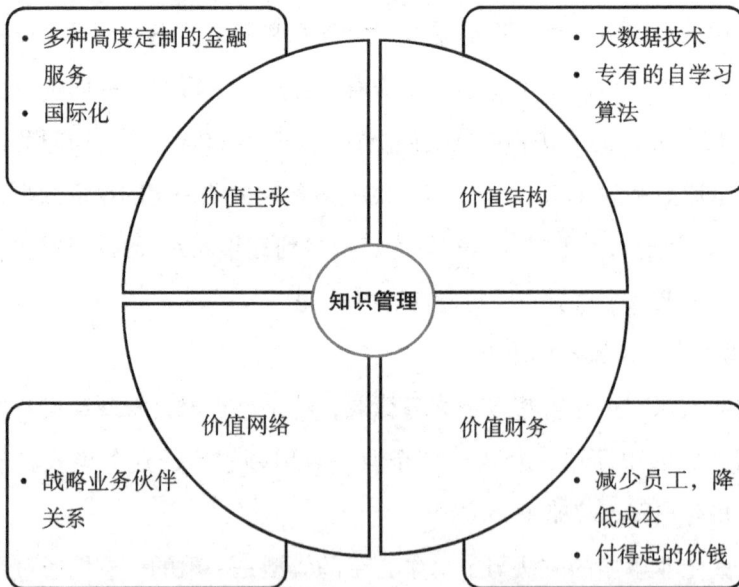

图 4.9　Kreditech 的 4Vs 商业模型框架

关于技术差距，人们暂时会期待通过收购和合作来予以解决。例如，最近，资金管理巨头贝莱德（BlackRock）收购了一家使用投资算法提供投资建议的金融科技企业 Future Advisor。

即使自动化是未来，机器人顾问公司也应该谨慎地考虑关键性的挑战。并非所有客户都喜欢解决方案的自动化特性。千禧一代最有可能接受自动化特性，是这些公司的目标客户。但大多数传统的高净值客户更倾向于采用面对面的交流方式，比如会议，而不是全自动化的流程，因此会继续选择传统的方法。

偏见是另一个问题。现代经济理论是机器人顾问算法的基础。虽然它仍然是一个有价值的财务规划工具，但即使在有优势的短期策略评估中，其也仍然存在问题。

伙伴关系和合作	流程和活动 市场营销 资源和系统 • 算法 • 可视机器人	产品和服务 • 自动建议 • 技术辅助建议	客户体验 • 以客户为中心 • 清晰 • 透明 渠道 • 数字渠道 △ 应用程序 △ 网络解决方案 • 全渠道	市场 • 客户 • 竞争者 • 监管机构
成本和投资			收入来源	

图 4.10　适用于机器人投资顾问的商业模式画布

金融科技企业成功应对了这些挑战，在未来，竞争将在金融科技初创企业与拥有越来越先进的机器人的传统公司之间展开。

2. 机器人流程自动化

RPA 是技术的应用，这种技术允许公司配置计算机软件或由机器人去抓取和解释现有的应用程序，以此处理交易、操纵数据、触发响应，并与其他数字系统进行通信。简而言之，RPA 旨在实施能够"感知—思考—行动"的解决方案。

RPA 正在改变人们思考和管理业务流程、ICT 支持流程、工作流程、远程基础架构和后台工作的方式。RPA 在准确性和周期长度方面有了很大改进，提高了交易处理的生产效率，同时通过减少简单、重复性工作中的人工提升了工作的性质。

RPA 的技术可以为广泛的活动提供解决方案：

- 流程自动化；
- ICT 支持和管理；
- 自动协助。

流程自动化中的机器人由两个不同的部分组成，类似于人体的下面两个组织：

- 大脑；
- 手臂。

RPA 可以自动化驱动"大脑"和"手臂"，特别是组合的自动化。RPA 在下列活动中表现优异。

- 分析 / 判断："大脑"部分进行跨多项行动和工作流的管理与验证。

- 复杂的数据输入 / 基于规则的决策："大脑"控制下手臂驱动自动化验证。
- 简单的数据输入，进行传统的自动化、使用宏和光学字符识别（Optical Character Recognition，OCR）/ 智能字符识别（Intelligent Charaeter Recognition，ICR）等（"手臂"的职能）。

对于通常是人工密集型知识加工流程的金融服务公司来说，这个解决方案特别有趣。AI（Artifical Intelligence）与类机器人解决方案手动功能的结合可以带来很大的好处。例如，对于保险公司，RPA 在以下几个领域是有用的：

- 自动报价和信件生成；
- 为客户关系中心提供自动数据提取和演示；
- 自动理赔处理等。

Genfour

"用户不再需要经历由 IT 部门制定的复杂冗长的流程，他们可以尝试一些东西，并且一展身手。"——James Hall ，Genfour 创始人兼首席执行官

Genfour 是一家英国公司，专门从事基于规则的流程自动化服务，这种流程几乎可以在任何组织中找到，特别是那些拥有大量多来源交易数据的公司。团队和个人常常面对下述流程：

- 从事结构化的、重复的、基于计算机的任务；
- 搜索、整理或更新信息；
- 访问一个或多个系统来完成一个流程；
- 执行简单或复杂的决策和算法。

Genfour 方法可以解决全部或部分端到端的业务流程，包括：

- 与人工交互的工作流程；

- 审批、对账和审计等熟练性任务；

- 连接到运行中的优秀项目和工作流系统。

Genfour 声称可以快速和低成本地自动化业务流程。这样的经济性当然非常有吸引力。总成本为 20 000 美元的离岸全时当量（FTE）可以替换成本为 50 000 美元的现场 FTE，一个数字工作者可以以 5 000 美元或更少的价格执行相同的功能，并且企业不需要管理和培训海外员工。

Magna

KPMG Magna 为客户提供一体化的环境。在这个环境里，可以高效和经济地监控交易者的行为，进行早期预警和日常活动风险信号探测。利用 KPMG 成员公司在交易者不当行为风险（从数百个不同的欺诈调查中获益）方面的经验和理解、领先的行为改变技术和用户界面，KPMG 帮助客户进行合规监控功能的转型。这一转型有助于预防和及早发现未经授权的交易事件，降低对内部调查的反应成本——当进行监管审查时，成本可能会更高。

五、技术接受模式

一个有趣的事情是，金融科技初创企业正在分析一个过去开发的技术接受模型（Technology Acceptance Model，TAM），用该模型评估新解决方案的接受度。最近有许多关于采用这一模型来研究移动支付、数字保险、移动商务等和互联网与移动相关技术接受程度的报道。TAM 评估的基础前提是，新技术具有被采纳和使用的基本要件。

- 可感知有用性（the Perceived Usefulness，PU），即人们认为使用特定系统会提高业绩的程度。衡量可感知有用性大小的指标有业绩提高、生产率提高、有效性、总体有用性、时间节省和工作表现提高等多个方面。
- 可感知易用性（the Perceived Ease of Use，PEOU），是指人们相信通过使用特定系统来减少努力的程度。衡量可感知易用性大小的指标包括可控性、易用性、简单性、清晰性和使用灵活性。可感知易用性对未加入保险的个人购买数字保险服务的意愿有显著和直接的影响。

这两个信念产生了有利于使用某种技术的倾向或意向，因此会影响到新技术的使用。

实际上，在考虑与基本 TAM 有关的数字保险时，还有其他因素需要权衡。尽管数字保险有其独特的优势，但克服信任问题对任何数字保险都是一个重大挑战。

TAM 的完整模型应包括以下方面，见图 4.11。

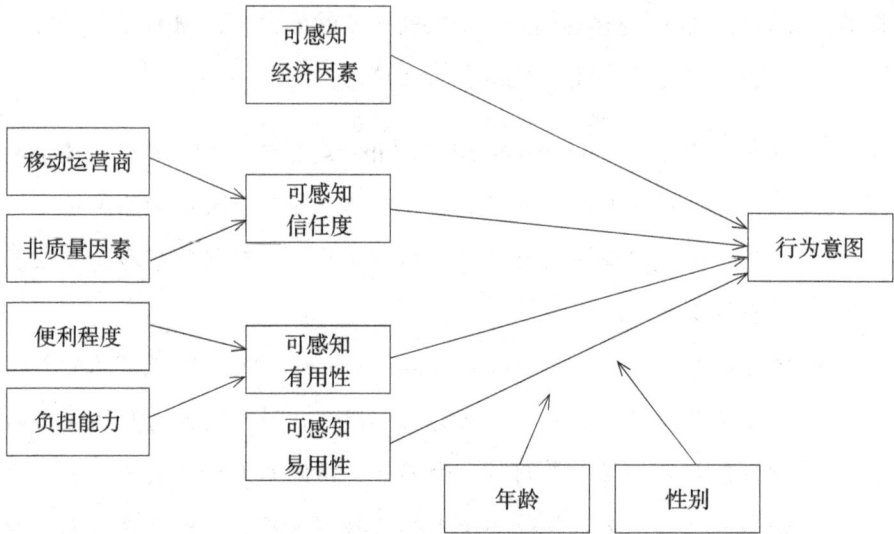

图 4.11　TAM 的完整模型

- 行为意图（Behavioral Intentions，BI），指采用新解决方案的倾向性。

- 可感知经济因素（Perceived Economic Factor，PEF），这对无保险人士采用数字保险服务的意愿有显著和直接的影响。

- 可感知有用性，对客户采用数字保险的意愿有显著和直接的影响。这取决于数字保险业务的便利程度（Convenience，CON）和负担能力（Affordability，AFF）。

- 可感知信任度（Perceived Trust，PT），对未成年人采用数字保险服务的意愿有显著和直接的影响。

- 未加入保险者的年龄和性别，这影响他们对数字保险服务的可感知易用性。

- 移动网络运营商（Mobile Network Operator，MNO）的特性。

- 所提供服务的非质量（Non-Quality，NQ）特性。

六、结论

金融科技创业企业应该在业务中始终坚持以客户为中心。在目标导向和积极主动的以技术服务于客户的环境中，许多创业企业已经在努力与它们的用户开展丰富的交互。

无论是纯粹的还是边缘的创新，在去中介化的整个过程中都发挥着至关重要的作用。因此，金融科技创业企业的创新态度是其成长最重要的催化剂。

根据本章的分析（参考表 4.5），组织需要注意以下几点。

- 目前客户主要将移动应用当作支付"便利器"，公司应尽快利用流动性，使这些应用程序把移动设备变成数字顾问。

- 大数据分析可以大大降低成本，这不是简单地带来成本优势，而是通过确定新的业务路径和方式来降低成本。在时间和质量两个维度上，大数据分析都带来了更好的决策过程。决策者有机会以更快的速度分析新的数据来源，发现新市场、新产品或服务的"未知海洋"。

- 机器人一直在通过显著降低交付服务的成本来扩大客户群。

- 金融机构在业务计划中应充分考虑商业模式的创新。这对于引入金融技术的传统组织来说更为重要。实施创新文化，并受之鼓舞而不是惧怕它，是传统组织成长的关键。

- 区块链技术有可能通过确保同一网络用户间的可追溯性和可信赖性彻底改变许多领域，这不仅限于金融服务行业。

金融机构需要通过创新项目来实施这些创新，但这并不容易，因为传统保险公司已经倾向于保守而不是创新。本章讨论的创新可能需要在传统金融机构的管理中注入新的"血液"。

The Future of FinTech

Integrating Finance and Technology in Financial Services

第五章

成功的关键因素

一、引言

本章将首先定义一个金融科技的关键成功因素（Critical Suceess Factors，CSFs）模型。金融科技是指通过技术提供创新金融服务或产品。随着技术的进步（如移动性和互联网）及其在全球的广泛应用，客户的期望正在改变。一方面，许多公司或初创企业正在研究与金融科技相关的产品，一些重大的颠覆性金融服务很可能会在未来出现。另一方面，创立并运营一家创业企业并不是件容易的事。

CSFs 是一个关于组织或项目实现其使命所必需元素的术语，是指创新成功所需的关键因素或活动。这个词最初在数据和商业分析领域中使用。例如，在一个成功的 ICT 项目里，用户参与很重要。

Boynlon 和 Zmud（1984）提供了一个完整的定义：

"关键成功因素是指这样一些为数不多的事项，为了确保成功，管理者或组织必须使其运行良好，它们是获取良好绩效必须给予特殊和持续关注的管理或经营领域。CSFs 涵盖了关于组织当前的经营活动和未来成功的至关重要的事项。"

评估金融科技项目的 CSFs 特别重要，因为投资者和管理人员非常希望企业成功。成功标准的定义与主动性和目标相关。关键绩效指标（Key Performance Indicators，KPIs）可以衡量它们。

CSFs 与 KPIs 之间的差异如下。

- CSFs 是成功策略的关键要素。管理者应该问自己："我们的产品／服务为客户增加了哪些价值？"答案通常就是关键成功因素。
- 关键绩效指标是量化管理目标的措施、目标或门槛。它们可以衡量组织、项目或活动的战略绩效。

二、关键成功因素

许多作者研究了通常不与特定的金融服务相联系的 ICT 的关键成功因素。

MartinPieterse（2012）调查了 ICT 项目的关键成功因素。他的目的是确定一系列可以提高 ICT 项目成功可能性的因素。作者在商业环境中调查 IT 项目，以此了解 ICT 项目的成功之处。ICT 所包含的系统和组件可以为商业组织提供显著的竞争优势。ICT 系统的发展遵循一个被称为软件开发生命周期的过程，通常作为一个项目来进行管理。一个项目是一组相关的活动，在一段时间内消耗组织的有限资源，有一个可衡量的目标。项目通常遵循相同的路径，从项目概念的启动、计划、计划拓展、执行到项目结束。如果项目达到了目标，按时交付，在成本预算内达到预期质量，并且给利益相关者带来收益，就被认为是成功的。尽管 ICT 可以为企业提供竞争优势，项目也被精心筹划，但一半以上的 ICT 项目仍会失败。有一系列的原因可能会导致 ICT 项目的失败，项目缺乏管理和领导力通常是主要的原因。

调查显示，确实存在一些对 ICT 项目成功至关重要的因素。这些因素包括客户参与、对项目成功的积极态度、灵活的项目工具、良好定义的成功标准、遵守时间表和预算以及团队管理和沟通。

　　Kiioh（2015）研究了为什么在已经投入大量资金并科学使用方法和工具的情况下，还会有如此多的项目不断失败。他发现，根本的原因是缺乏可胜任的领导力。项目的成败部分取决于对范围、时间和成本的约束以及对质量预期的有效管理。为了实现这一点，项目经理拥有并展示适当的项目管理领导力是至关重要的。Kiioh 研究的目的是通过考察领导力对 ICT 项目的影响，增加关于项目管理领导的研究机构。Kiioh 的研究确定了领导力的四个方面：技能、经验、控制和风格。Kiioh 还针对肯尼亚一家金融科技企业做了这些因素对 ICT 项目绩效影响的调查。研究得出的结论是，项目管理领导力与 ICT 项目绩效之间存在显著的关系。研究建议所有的项目工作人员都要掌握有效的领导技能，要重视项目工作人员的经验，确保项目充分达到既定目标。研究报告还建议，对 ICT 项目绩效的评价应该从领导者和团队成员的角度出发，领导者应以自己的风格来展示对其他员工的关心、关怀和尊重。这种态度会增加员工对工作的兴趣，有效提高工作满意度，使员工表现得更好。

　　尼克莱蒂（2010，2013）研究了精益思想（lean thinking）创新。这一类创新侧重于使用统计方法、团队合作和人工方法来改进业务流程。尼科莱蒂的工作旨在定义一种项目管理方法，通过"精益和数字化"的新方法来精简和数字化业务流程，减少浪费。前面提到的所有论文都是基于经验和实践的结果。如果不对业务流程进行精简和数字化，就可能导致流程缓慢、误差增加等问题。流程图可以帮助明确浪费和低质量的原因。一个项目成功的关键因素在于优化它，同时考虑利用 ICT 来支持流程再造和数字化。通过这种方式，项目将数字化为"仅为用户和组织提供附加值"的增值活动。

　　Clarysse 和 Yusubova（2014）考察了商业加速器，这是一种相对较新的初创企业孵化器类型。加速器通过提供支持性服务帮助初创企业在发展初期获得成功。借鉴加速器的成功因素可以减少创业团队的失败。这项研究讨论了成功的三个主要因素：选择过程与标准、业务支持服务和网络。该研究从制度理论的视角，提出这些成功因素有助于加速器获得利益相关者认可的合法性。合法性在商业加速器的生存与发展中起着关键的作用。利益相关者的需求与要求驱动着各种商业加速器。随后，这项研究也着重研究了不同类型的加速器：通用的、特定的、私人的和公共的。这篇文章的实证证据来自代表欧洲 13 个加速器项目（巴黎、伦敦和柏林）的多个案例研究。

Chuen 和 Teo（2015）确定了一些可能导致技术成功的因素。他们将LASIC（Low margic，低利润率；Asset light，轻资产；Scalable，可扩展；Innovative，创新；Compliance easy，易合规）原则称为成功因素，并解释了 LASIC 原则，然后据此讨论了两个成功的金融科技企业（阿里巴巴和M-Pesa）的例子。金融科技将降低商业成本，提高利润率。作者还在论文的最后讨论了投资于普惠金融的好处。为了保持可持续性和盈利性，企业需要通过普惠金融来扩大业务。据估计，世界上 38% 的人没有正式的银行账户，另有 40% 的人没有得到金融机构的支持，这为金融机构提供了巨大的潜在市场。

三、模型

本章定义了金融科技创新 CSFs 的一个模型。这个模型叫 CLASSIC，首字母来自于 CSFs 的 C。这个模型扩展了 Lee 和 Teo（2015）提出的LASIC 的内容：（1）低利润率；（2）轻资产；（3）可扩展性；（4）创新；（5）易合规。新的模型修改了 LASIC 模型中的一个要素，把轻资产改为了敏捷性（Agilily）。增加了两个重要的因素：一个是 C（Customer centricity），以客户为中心；另一个是 S（Security management），安全管理。因此新模型的名称变为 CLASSIC。

以下的内容是对这个新模型的描述。这些内容可以促进金融科技创新实现自己的目标，开发出可持续的金融科技业务。

以客户为中心

德鲁克（1954）在《管理实践》一书中介绍了以客户为中心的概念。他指出，决定一个企业是什么、生产什么以及是否繁荣的是客户。他建议企业不要把重点放在销售产品上，而是要满足客户的需求。根据 Gartner 集团 2003 年的一份报告，"到 2007 年，全球 1 000 家企业中只有不到 20% 的营销组织获得足够的发展，成功地利用以客户为中心、创造附加值的流程和能力等这些要素"。这份报告还指出："到 2007 年，一些有能力的营销人员可以获得比其他同龄人高出至少 30% 的回报率，前者把超过 50% 的时间投入到高端的、以客户为中心的营销流程中。"

以客户为中心意味着在所有与组织实际或虚拟的接触中，创造正面的客户体验，为组织增加价值。以客户为中心的方法可以使企业自身与那些没有提供相同体验的竞争对手产生差异化，为金融科技创新提供新的价值。

低利润率

Schwartz 和 Moon（2000）的报告说，根据所选择的参数，如果收入增长率足够高，一个互联网企业股票的价值可能是合理的。即使公司有可能破产，如果初始增长率足够高，并且这个增长率随着时间的推移有足够的波动性，那么估值就可能达到一个合适的水平。

利润率等于净收入除以销售收入，或者等于净利润除以销售额，这是计算收益率的一类计算方法。低利润率是成功的金融科技创新企业的一个特点。大部分的网页访问都是免费的，金融科技用户为服务付费的支付意愿往往很低。高科技领域中的强网络效应需要一个初始的临界用户积累。这是一个投入成本高昂的过程，需要许多营销努力。如果达到了这个临界规模，边际成本就会降到极低的水平，依靠刊登广告、收取订阅费用或进行客户数据分析等就可以获取收入。在一个很长的时间里，初始利润空间都会很低，但随着时间的延长，不同来源的收入会随之增加。总体而言，金融科技创新企业应该从长期视角而不是短期视角，应用客户终身价值这一概念。

敏捷性

高级研究计划局（the Advanced Research Program Ageney，ARPA）和敏捷论坛提供了敏捷性的定义。敏捷性是一种在连续的、往往是意料之外的变化的环境中仍然可以蓬勃发展的能力。敏捷性也是快速和让人惊讶地发现并抓住市场机会的能力。

在现代商业环境中，敏捷性对公司的创新和竞争表现至关重要。这是业务服务的一个必要条件。如果金融科技企业行动敏捷，那它就拥有了一个有竞争力的工具，它就可以抓住市场上的竞争机会。行动敏捷的金融科技企业还可以不断地优化创造、捕捉和竞争性地引入创新的产品、服务、流程、组织和商业模式以适应不断变化的环境。

敏捷的企业还具备创新能力和扩张能力，因为它们不需要在资产上投入巨额的固定成本。这导致相对较低的边际成本，反过来则可以承受如前所述的低利润率。你可以添加现有系统，如手机，它虽然迅速贬值，但同时却提供低边际成本的替代收入来源，如互联网电话和短信服务。依靠现有的基础设施可以最大限度地降低固定成本和初始安装成本。

在 LASIC 模型中，相比于轻资产，Lee 和 Teo（2015）更加看重敏捷性。原因有两个：

- 它是一个目标，不是一种手段；
- 它涵盖了一般意义的轻资产概念。

"轻资产"债务是指企业债务低于企业通常的担保额度，而企业的担保额度通常高于企业市值的 30%（这应该是一个基本概念）。Manyika 等人（2011）的研究却指出企业的"轻资产"债务水平十分低，其中很多企业的抵押担保债务水平逐年下降，甚至有时为零。

可扩展性

可扩展性是指系统、网络或流程处理不断增加的工作能力，或者本身被扩展以承受增长的能力（Bondi 2000）。例如，当增加资源（如硬件）时，可扩展性则是指在负载增加时系统增加其总输出的能力。

Staykova 和 Damsgaard（2015）认为，扩展的时机与进入的时机同等重要。如果扩展没有在最佳时间进行，那么曾经获得的竞争优势就会减少。

任何金融科技企业都始于较小的规模，但为了充分利用网络效应，必须进行扩展。重要的是这个企业能够开发新技术，在不损害有效性、效率和经济性的前提下扩大规模。在线移动减少了对实体网点的需求，这使得企业更容易规模化，因为它只需在成本较低的区域，主要投资于中心的位置即可。但是，开发人员需要意识到并确保技术本身具有可扩展性。一个反面的例子是比特币协议，它是创新的，但协议架构不易扩展，因为它无法以瞬间的速度管理大量的事务。由于协议的设计和实施方式所限，这些很难改变。

安全管理

安全管理是指对组织资产（包括信息资产）的识别，以及保护这些资产的政策和流程的开发、记录与实施。

一个组织通过信息分类、风险评估和分析等安全管理程序来识别威胁、对资产进行分类及评估系统漏洞，进而实施有效的控制。Focardi 和 Martinelli（1999）提出了一个统一的方法来定义和分析安全的属性。总体思路是，在恶意的环境下，财产也应该是安全的。作者确定了一些通用条件，允许只针对一个"最强大的"入侵者进行财产检查。这个理论的结果适用于一些现有的安全特性。这显示了这种方法的一般性，它可以找到一些有趣的不同安全问题中财产之间的关系。

安全性是目前使用互联网和移动应用程序的客户最关心的问题。金融行业更是如此。公司通常必须保持合理但非常有效的手段来保护敏感信息。无论在哪、无论当地法规如何，每项金融科技创新都有义务提供安全、可靠的服务。

实现 CSFs 的一个方法是坚持"改善关键基础设施网络安全的框架"。美国商务部 NIST 在私营部门的参与下制定了这一框架。该框架旨在为拥有关键基础设施的重要组织提供自愿的指导性指南，以加强其网络安全。该框架是奥巴马总统在 2013 年国情咨文演讲中宣布的"改善关键基础设施网络安全"的重要组成部分。为了帮助负责金融、能源、医疗保健和其他关键系统的组织更好地保护其信息和实物资产，使其免受网络攻击，NIST 发布了"改善关键基础设施网络安全的框架"。该框架提供了一个供企业、监管者和客户来创建、指导、评估或改进综合性网络安全项目的结构。

该框架允许组织——无论其规模大小、网络风险程度或网络安全复杂程度高低——应用风险管理的原则和最佳实践，来提高关键基础设施的安全性和灵活性。

组织可以使用这个框架来确定它们当前的网络安全水平，制定与其商业环境相协调的网络安全目标，并制订一个改善或维护网络安全的计划。它涵盖了保护隐私和公民自由的方法，并帮助组织将这些保护纳入全面的网络安全计划。

创新

Rao 等人（2001）的研究表明，技术进步和创新赋能是决定生产力长期表现的基本因素，从而也是国际竞争力、生活水平和生活质量的影响因素。

成功的金融科技企业需要在其产品、流程、组织和商业模式上进行创新。随着手机和互联网服务的日益普及，移动技术、大数据分析、物联网、社交网络、云计算和人工智能等新技术在技术研发领域也将大有作为。

创新的目标（"成功推进"和"竞争与分化"）既反映了创新的总体战略目标，也反映了创新发生的潜在多样的社会和环境背景。创新需要考虑到不同方面：产品、流程、组织和商业模式。所有这些方面都必须被整合在一起，一个全面的关于创新的定义需要包含创新本质的诸多方面。这个定义试图包含和取代先前带有学术偏见的定义，它也可以是图形或者文本形式的。

易合规

金融机构的规定日益复杂，为此付出的潜在成本也日渐增加，特别是对于金融科技初创企业来说。但是这里我们想说的是，合规不应该很困难，关于监管和法律框架条款的修改对创新的发展具有重要的影响。

一般来说，合规意味着符合一项规定，如规则、政策、标准或法律。合规性描述了组织希望实现的目标，那就是通过努力确保了解并采取措施遵守相关法律法规。

遵守法定的金融规则是强制性的非选择性事项。几乎每个国家都有基于其独特文化、金融体系和历史经验的金融监管规则。当金融科技企业在多个市场运营时，需要遵守由不同监管机构负责的复杂的多层次监管。由于越来越多的法规以及对运营透明度的需求，各组织越来越多地采用统一的合规控制措施。这种方法可以确保遵守所有必要的要求，避免不必要的重复劳动和资源消耗。

利益相关者、行业和政府都要求加强问责制，强调对数据隐私的尊重。企业的民事责任和刑事责任都在加重，组织必须遵守的政策、法律法规和标准也不断增加，这种情况在不久的将来会一直持续。

不受制于合规制度的组织要实现创新，其资本要求更低。但是金融稳定和消费者保护对于市场的运行非常重要，因此监管方需要权衡利弊。除了受益于"易合规"的环境，反收入或财富不平等倡议带来的社会、金融和经济等发展议题，也会给予企业补贴或激励，使之获益。在一个轻监管的环境中运营的好处是企业只需投入较少资源用于合规活动，这鼓励了创新。

对于金融科技创新，一些监管者正从回顾型方法转向前瞻型方法，这可以使市场变得更加有效和富有竞争性。

最终，易合规将为客户和经济整体带来益处。相关人员有可能使用不同于以往的方法——一种国际通行的方法来监管金融科技。其目标是最大化市场机会，同时设定保证金融稳定和消费者保护的最佳风险管理办法。

这些规则与国际标准制定者在支付系统和其他领域制定的规则类似。

四、度量

为了从 CSFs 的角度比较不同的金融科技项目，我们可以使用雷达图。雷达图由图形、点和一系列的等角半径线条构成。每个线条代表了一个变量。在所有变量的最大幅度内，线条的数据长度与变量的大小成正比。一条折线连接每个半径上的数据点。这使点图呈现出一个星形的外观。通过这种方式，可以比较一个金融科技初创企业的 CLASSIC CSFs 和理想的 CSFs（见图 5.1）。

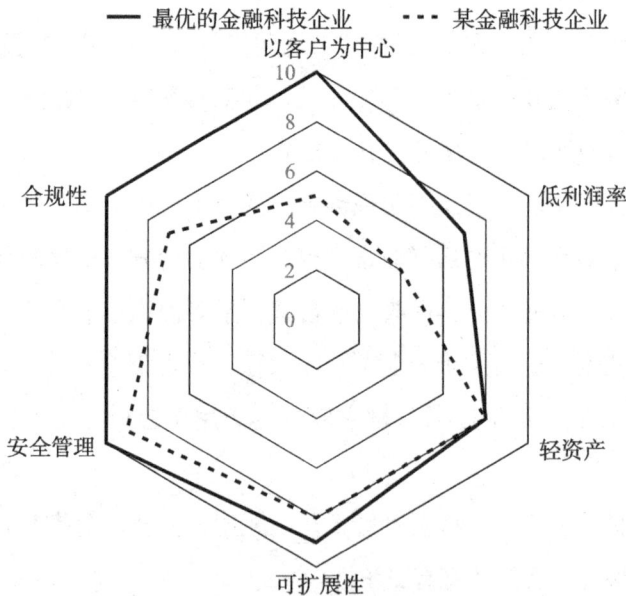

图 5.1　对某金融科技企业成功因素的评估

五、结论

这一章介绍了一个识别和衡量金融科技创新的 CSFs 模型。

金融科技企业，特别是创业企业，正发展得如火如荼。大量资金已经或将被投入其中。确定一个标准，以便早日识别一项金融科技创新成功的可能性是非常重要的。

这一章提供了一个适用于金融科技创新的一般性 CSFs 模型。为方便记忆，我们把它称为 CLASSIC，该单词由模型中要素单词的首字母构成：

- 以客户为中心；
- 低利润率；
- 敏捷性；
- 可扩展性；
- 安全管理；
- 创新；
- 易合规。

先前的单项研究强调了每个因素的重要性，本章则对这些因素的选择进行了证实。

第六章

传统企业的反应

一、引言

本章将分析大型传统机构的反应，并考察适合它们的各种策略。在位企业和新进入者正在建立连接，通过这些连接可以预测金融业未来的结构。

面对来自金融科技创业企业不断增强的威胁，传统金融机构并没有无所事事。它们的数字化战略可以归结为一个简单的问题：创造还是购买？这一章除了考察这一问题，还描述了第三种方式——这两者中间的另一条道路即"合作伙伴"。这条道路可以形成一个新的商业模式的基础，传统的参与者将结合自身认可的在核心金融服务体系中的技能与新进入者的敏捷性（前一章CLASSIC模型已经定义了这个术语），发展新的商业模式。

许多市场和媒体评论强调了现存银行模式面对的威胁和在位机构面对的机会，它们可以为了更好地控制成本、分配资本和获取客户去发展新的合作关系。麦肯锡最新的分析表明，金融科技行业的结构正在发生变化，金融科技创业企业和在位企业之间正在形成一种新的合作精神（见图6.1）。

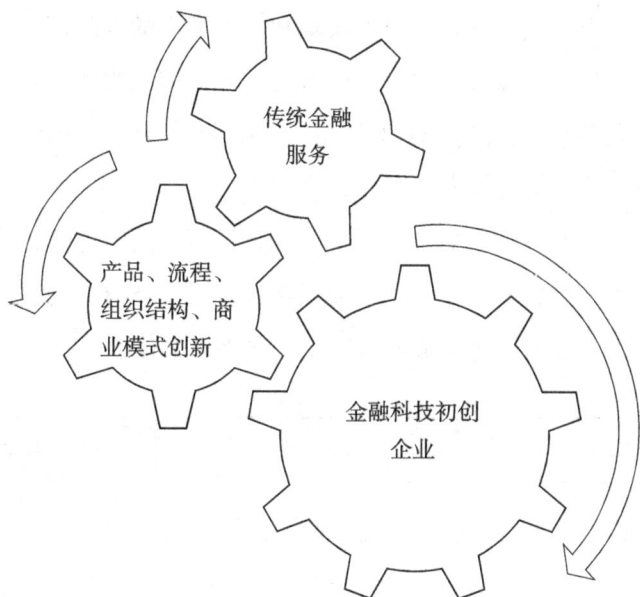

图 6.1　金融科技企业与金融服务业的合作关系

二、金融科技和金融服务

金融服务业在全球经济中发挥着至关重要的作用。在 2008 年全球性金融危机之后，这种相关性始终在加强。各国政府和监管部门对这一行业都给予了高度关注。这显示了金融在经济中的绝对中心地位，也揭示了对金融治理进行持续改革的必要性。

金融服务业由"金融"和"服务"两个词构成。金融涉及金钱，服务和产品都是金钱可以购买到的东西。服务的重要特点（相对于产品而言）是其无形性。因此，将金融服务与金融产品区分开来是至关重要的，前者可以被看作是获得后者的过程。

金融服务业的核心领域是中介。在这个领域经营业务的企业，涉及储蓄、贷款、投资、贸易融资、资本市场和各种类型的保险等。我们从一个详细的综述中进行抽象，可以把金融服务的本质归结为所有者、金融用户和提供者之间的信息代理。不同的服务发挥不同的功能。第十章详细阐述了这一观点，提供了有关未来发展的独特见解。

最传统和最普遍的一类金融服务机构是银行，同时这个行业也包括其他参与者。由于金融科技企业在独立于传统金融服务方面的重要性日益增加（见图 6.2），金融行业的整体结构在过去十年中有所变化。

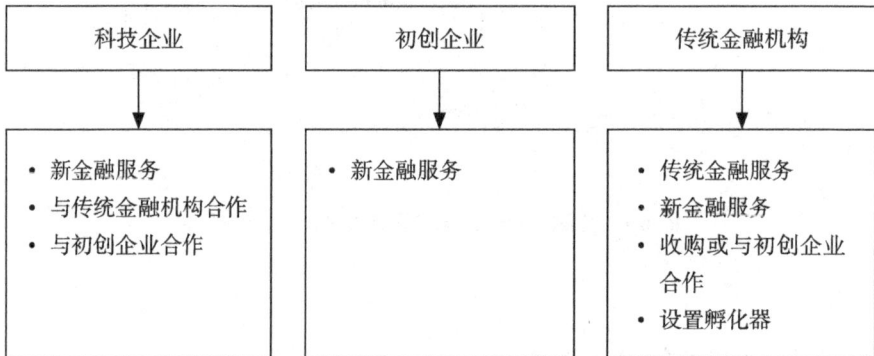

科技企业	初创企业	传统金融机构
• 新金融服务 • 与传统金融机构合作 • 与初创企业合作	• 新金融服务	• 传统金融服务 • 新金融服务 • 收购或与初创企业合作 • 设置孵化器

图 6.2　金融科技企业结构

银行或保险公司等传统机构，由于难以克服的内部阻力，通常不易吸收外部的新知识和技术。的确，那些多年从事特定业务并获利颇丰的企业，可能很难改变。陈规旧习从未被彻底改变，僵化的商业模式使创新和吸收新的知识变得更加困难。

时代在变，金融服务行业的所谓传统组织也正在经历一场数字化转型，甚至是革命。新进入者、新商业模式以及新客户需求正在进入这个行业，传统商业组织在试图利用其庞大的（或非常大的）经济基础来补偿这种创新滞后。简单来说，它们或者收购创新创业企业，或者参与企业孵化器、联盟和创新实验室，谋求获得新的高端创新解决方案。

欧洲保险公司 Assicurazion Generali 宣布将通过上述方式向金融科技领域投资 12.5 亿欧元。其他组织也正在沿着同样的道路前行。AXA 在 2015 年启动了 2 亿欧元的风险投资基金。巴克莱银行在最近的纽约加速器计划中签署了八项直接投资协议，涉及的领域有云计算、视频会议技术、电子签名、网络安全措施以及贷款信息指标等。像巴克莱银行一样，所有主要的金融机构都有一个创新计划。

三、挑战

自主创新的挑战

前面的章节深入讨论了当前正在改变金融业的数字化转型。和其他行业一样，市场上的新进入者推动了这场革命。在金融业，由于传统企业积累的技术债务，金融科技企业反而具有竞争优势。技术债务的概念与财务债务的概念有关。开发 ICT 系统会产生类似于利息支付形式的未来成本，而这些成本的总额构成了技术债务。系统越复杂，需要升级的频率就越高，相关的技术债务就越高。一个很好的例子是通过合并几个不同的金融机构，创建一个大型银行集团。整个信息系统必须整合各种预先存在的组件。结果是，这个系统只是反映了银行的历史和其自身建设的主要阶段，完全没有基于银行现有业务范围而重新构建的综合 ICT 系统那样高效。资产管理是另一个很好的例子。金融创新已经创造出越来越复杂的工具，相关机构需要开发出复杂的存储和控制系统与之相适应，同样也需要引入更严格的监管。事实上，近几十年来部署的绝大多数信息和通信技术资源都是针对这两个问题的。当今的 ICT 系统就像一个千层蛋糕，当新的金融创新或法规出现时，就在之前的版本上进行添加。很长一段时间，这种复杂性是新参与者进入的障碍。金融科技的创新提供了新的技术解决方案，使金融创新和监管能够从一开始就进行低成本的融合。似乎没有力量能够阻止这一趋势。相比之下，在位企业由于技术债务问题，回旋余地非常有限，而金融科技初创企业则占领了先机。

行业中的传统机构也做出了反应，它们在扩大 ICT 团队的功能，改变企业的内部结构。数字化转型导致项目管理发生了变化，大型集团试图采用更灵活的 ICT。这些改变与科技创业企业的手法类似。由于监管的复杂性，了解业务仍然非常重要，但目前关键的问题是开发符合新用户习惯的交互式工具。传统参与者拥有成功转型所需的所有元素：业务知识、网络、CRM 实施记录、交易安全和金融资源。因此，可以想象，利用现有的专业知识推出传统银行模式的数字版，提供不同的用户体验对于这些机构来说并不困难。一些传统参与者已经尝试过，虽然结果并非都尽如人意。出现失败的原因是多方面的，或者是害怕损害现有业务，或者是因为以前失败的尝试，又或者是无法有效地调动员工，这些理由都可以解释为什么传统参与者不愿意大规模投资数字化转型。金融机构只有鼓励员工采用新的工作方式，充分发挥其了解客户的优势，才能取得成功。当然，这个转变并不容易实施。

收购的挑战

在投资或收购金融科技企业方面，传统的银行和金融机构并不十分活跃。实际上，尽管金融机构通过投资基金常规性地对创业企业进行间接投资，但在金融科技领域几乎没有任何投资。也有少数投资的例子，一般是出于这样一些目的：推动现有服务的现代化、获得新技术或者促进某一具体金融科技创新的发展。事实上，对于金融科技创业企业而言，拥有一家传统金融机构作为利益相关者，可以让监管者放心，更容易获得业务许可。

很难看到传统金融机构对金融科技初创企业的收购。传统金融机构似乎担心这会减缓实现目标的势头，或者很难将新实体与现有的开发团队合并。现有公司购买金融科技企业的主要动机似乎是再次获得一个新的技术或开发团队，以帮助它们尽快升级产品。将金融科技创业企业与传统的银行服务相结合是短期内开发新服务的一种方式，这使传统客户关系转型为更具交互性和个性化的关系变得更加容易。

需要考虑的方面

传统金融机构和金融科技创业企业是极其不同的组织。虽然两者之间的伙伴关系非常有意义，但需要理解它们的差异。

金融科技创业企业在与传统金融机构合作之前应该考虑以下几个方面的问题。

- 不管短期利益多么诱人，金融科技的企业家们永远不应该忘记他们的长期愿景。如果目标是改变现状，金融科技企业可能会发现通过与一家金融机构合作并不是一个好的方法。成为它们最初打算改变的系统和机构中的一部分之后，就很难实现当初的目标。
- 通过与现有的机构合作，不仅可以充分利用这些机构的现有客户群，而且还可以充分利用其经验丰富的销售团队，缩短上市时间、降低成本。
- 为了成功，金融科技企业必须考虑它们需要捕获价值链的多少环节。对于那些为更广泛的价值链的某些部分开发新技术的企业来说，与金融机构合作的观点是正确的。

在与金融科技创业企业合作之前，传统金融机构应该考虑以下几个方面的问题。

- 银行业需要从长远的角度来看待问题，妥善处理合作或收购产生的长期影响。
- 当考虑与金融科技创业企业合作时，金融机构需要在"创造与购买"中选择。金融机构需要对其内部能力保持谨慎和现实的态度，也要考虑获得高质量伙伴关系所需的时间和成本。合作的前提是对双方都有价值。
- 金融科技企业特别擅长于持续地迭代更新产品，直到找到适合市场需求的正确解决方案，而这正是传统金融机构的弱点。对于大多数传统金融机构而言，一个新产品往往只有经过长时间的流程才能上市。因此，传统金融机构需要具备一个不断接受考验和改变的态度。
- 多数创业企业寿命不长，因此金融机构需要在多个层面评估合作团队的历史业绩。

四、合作模式

第三种方式（即合作模式）正在出现，特别是在银行业和金融业。为了销售金融服务和产品，金融科技创业企业需要精通银行系统运营的合作伙伴，而金融机构正好可以提供这种服务，并可以向第三方出售创业企业的产品。为了与金融科技创业企业建立联系，一些金融机构选择了这一解决方案。这是传统金融机构将自己定位于服务提供商的一种方式，它为创业企业的核心银行业务提供指导。例如，一些支付金融科技创业企业在已存在于市场的平台上提供服务。一些储蓄产品分销平台使用传统金融机构产品构建的解决方案。作为合作的回报，金融机构可以直接观察客户关系的演变，适应金融科技创业企业的需求，并最终适应用户的需求。

加速器计划和孵化器

金融服务业发生了显著的变化，特别是数字化转型迫使新旧机构对其价值主张、内部流程，特别是客户的参与进行了改变。对于银行、保险公司等传统组织来说，这是一把"双刃剑"。一方面，它们当然有经济实力来创新业务，而不必考虑对企业财务状况的影响程度，因而有可能在高进入壁垒的严监管行业内巩固竞争优势。另一方面，金融机构经常被困在旧的商业模式中，难以在组织内部吸收新的知识和能力。总之，传统组织在创新方面存在困难。

为了妥善处理金融科技创业企业与传统金融服务机构之间的关系，需要强调适应需求的变化，这一点对传统机构影响很大。金融机构为了适应新的商业模式，需要考虑下述三个方面的问题：

- 新的颠覆性组织带来的发展；
- 对变化的态度更加开放；
- 增加对其他创新方式的关注。

为了根据市场的新需求重新调整传统组织的商业模式，获得进入该生态系统的渠道和途径变得非常重要。最近的研究已经证实，为了通过开发新知识和技能激发创新，建立与快速增长的新进入者的伙伴关系或与其合作被证明很重要。

通过参与企业孵化器可以做到这一点。企业孵化器为初创企业提供了三个方面的支持：知识拓展、融资和网络资源。因为采取以资本换取股权的融资方式，所以创始人和投资者构成了金融科技创业企业的一般性所有权结构。尽管如此，金融机构依旧小心地选择初创企业。它们不是简单地根据商业计划和说教选择有潜力的合作伙伴。它们积极地组织和参与企业孵化器，以进一步寻找创新型的初创企业（见表6.1）。

表 6.1　加速器与孵化器中企业的特点比较

特点	加速器	孵化器
持续时间	三到四个月	一到五年
同期进入的公司	大约十个公司	没有
股权	5% ~ 8%	没有
项目的进入费	没有	最低标准
发展阶段	最小的风险产品	低于中等水平
培训和技术帮助	不同的论坛	专门的人力资源与法律服务
工作空间	有	有
公司状态	演示阶段	运营中
商业模式	主要是投资	出租，非盈利形式

这张表格说明，将这种增加中的场景定义为企业加速器比定义为企业孵化器更恰当。当然，这两种表达方式是可以互换的，也存在实际的概念重叠。但也有一些元素可以用来区分它们。商业加速器和孵化器都给企业提供指导和有益的支持以帮助其成长。一方面，商业加速器提供给企业适时并且是短时间的商务服务（不一定是在企业萌芽阶段），类似于传统的咨询服务，在一个很短的时间里，以确保企业快速成长为目标企业。另一方面，商业孵化器提供一个更长时间的服务，帮助企业在其生命周期的初期阶段"站住脚并走起来"。

金融机构倾向于在相对较短的时间内与新兴企业群体合作来获得加速器项目，以获得有关新兴技术的新知识。从开放式创新的角度来看，加速器也很重要。快速的技术变革和高度敏捷的乐于创新的企业对已经成熟的企业构成了严重的威胁，后者往往是缓慢成长且缺乏创新的。有关企业外部创业的文献表明，在位企业已经认识到创业企业作为外部知识来源的价值。企业加速器促进了现有企业和创业企业之间的协作和相互学习，这一点非常有趣。Moschner 和 Herstatt（2016）借鉴公开的创新文献，对六个在位企业案例进行了研究，分析外部创新是否能成为创新者摆脱困境的手段。他们的研究结果表明，与潜在的年轻竞争对手的密切合作有利于在位企业把握新趋势。成熟的企业可以从年轻企业身上学习创业型思维，以及技术和方法，打破传统的思维模式，重新审视自己效率低下的运营流程。

特别有用的是指定一名联络经理，由他负责建立企业员工与创业企业之间的联系，以促进直接的个人合作。这种合作对于促成和维持知识转移非常重要。因此，企业加速器似乎是让在位企业保持与潜在竞争对手密切联系并向它们学习的一种有意义的方式。

在使用加速器时，有两个重要的阶段：

- 新知识的生产；
- 新知识的实施。

加速器项目中的初创企业必须符合一些标准，才能被接受。除了热情、适应力和正确的多学科知识等心理和组织方面的因素外，创业团队还必须展现出它们试图传达的价值的巨大潜力。这个团队必须准备好把部分股份交给在位企业来换取参与的机会。

传统金融机构在第二阶段遇到的多数困难是普遍存在的内部阻力，以及与初创企业间相差很大的整体认知。金融机构可以根据前面关于两个阶段的解释，来决定在内部还是外部实施相应的计划。

本章的最后将讨论第三章介绍的商业模型，这个模型有助于更好地理解金融科技创业企业和金融机构怎样处理好它们之间的关系。这一章还介绍了处理这一问题时的最佳做法和新模式。

一方面，大型金融机构利用自己的金融实力，谋求建立双赢的合作关系，金融科技创业企业则希望获得资金、资源和接近经验丰富的咨询机构的机会。另一方面，金融机构可能获得创新的知识和想法，然后将其转换为新的产品或市场。

FreeFormers

"巴克莱很早就认识到，它们需要帮助它们的客户提高数字化水平，帮助它们的分支机构更加数字化，培养数字化的员工队伍。为了做到这一点，它们需要获得拥有热情的员工，并给予他们数字化的专业知识。那就是我们谋求的市场。"——Emma Cerrone，FreeFormers 联合创始人兼首席执行官

FreeFormers 是一个很好的进行合作的例子，它是一家伦敦的创业企业，向我们展示了如何与金融机构建立双赢的伙伴关系。具体来说就是，FreeFormers 专门支持企业走向数字化转型。FreeFormers 与巴克莱员工一起工作的目的是双重的：将他们转化为数字化的员工，并支持他们向客户传授数字技能。

作为这种趋势的另一个信号，巴克莱银行、标准银行和 AIB 这样的全球性金融机构正在参与名为"Matchi"的在线匹配服务，目的是投入要素并努力与金融科技创业企业合作。Matchi 是一个数字平台，作为门户网站，将大型金融机构与全球选定的数字创新者联系起来。事实上，一些拥有尖端技术的金融科技创业企业已经和更多金融科技企业或者更大的金融机构和保险公司进行了合作。通过这种方式，新进入者能够节省资金，免于潜在客户的开发，从而可以快速扩大技术的提供范围。

根据普华永道公司的"全球金融科技报告"（Global Fintech Report），

只有少数首席执行官（26%）不同意将金融科技创新放在战略的核心位置，14% 的人不同意进行金融科技创新。

当然，由于创业企业和金融机构本身的性质，建立与传统金融机构的合作伙伴关系可能并不是所有组织的正确选择。因此，有必要区分定位于金融科技的大型金融企业和传统金融机构。后者正受到创业企业对其目标市场日益增长的威胁，可能会非常激进。根据商业模式的性质，我们可以将金融科技创业企业分为颠覆者或赋能者（见表 6.2）。

表 6.2　金融科技企业与传统金融机构的潜在关系

	传统金融机构	金融科技企业
赋能型创业企业	温和型	协同型
颠覆型创业企业	颠覆型	合作型

Unicredit

"这是共同合作的成果。"——Paola Garibotti，Unicredit 国家发展计划负责人

考虑到过去几年来金融科技的发展趋势以及占据这一领域的重要性，2014 年 10 月，Unicredit 启动了"金融科技加速器实验室"项目。Unicredit 的管理者指导了一些经过挑选的金融科技创业企业，其中一些得到了投资者的支持。在米兰市中心的一个合作空间内，内部和外部专家进行会谈，向 Unicredit 的合作伙伴进行商业演示。有四家公司取得了非常强劲的业绩，并与 Unicredit 合作将它们的解决方案整合到后者的系统中。该项目于 2015 年 1 月结束。

非洲商业银行

"（我六岁的儿子）绝不会用塑料卡片或支票簿来支付任何东西（也可能没有现金），他将与数百台没有鼠标或键盘的电脑进行互动。"——Brett King，作家

银行与金融科技创业企业成功合作的一个例子就是肯尼亚的 M-Pesa，M-Pesa 通过手机开设资金账户。自 2006 年以来，肯尼亚的金融普惠程度已经增长到了 85%。开始时，肯尼亚的银行与 M-Pesa 进行竞争，希望打败它。2012 年，非洲商业银行决定与 M-Pesa 合作，开始提供与 M-Pesa 相关的储蓄账户。随后的三年里，这家银行的客户增加了 450 万，新增了 22 亿美元的存款。合作带来的关键好处就在于能让客户的开户过程尽可能顺畅。

开放式创新

传统金融机构与金融科技创业企业的合作是开放式创新的一个例子。开放式创新是利用知识的流入和流出，分别加速内部创新和扩大外部市场创新。开放式创新是一种范式，如果企业希望推进技术发展，它们可以并且应该利用内部和外部的思想及市场路径。开放式创新流程将内部和外部的想法结合到架构和系统中。开放式创新流程利用业务模型来定义结构和系统的需求。商业模式利用外部和内部的想法来创造价值，同时定义内部机制来明确价值构成。开放式创新假定企业内部的想法也可以通过外部渠道进入市场，从而产生额外的价值。

这种类型的关系引发了关于目前金融产品分配结构的基础性问题。可以设想一种新的分销模式，即将金融机构作为产品设计平台，将无品牌的解决方案出售给金融科技创业企业，从而更容易适应用户需求的变化。在这个模式中，将金融科技创业企业作为子公司是有道理的，因为它可以使

传统金融机构获得分销渠道。这种模式的风险在于，负责客户关系的金融
科技创业企业可能会超越提供这些金融产品的平台。因此，问题是金融机
构是否真的有能力跟上金融科技创业企业的发展。

五、结论

到目前为止，传统的金融服务业的回应方式主要是与金融科技创业企
业合作，而不是收购这些企业。因此，主要机构和新入者之间建立了伙伴
关系，这一趋势可能会重构未来的金融服务行业。

为了留住客户和进行创新，传统金融机构需要与金融科技企业建立合
作关系，而金融科技创业企业为了获得资金或者出于其他目的，也需要与
传统金融机构建立合作关系。

但是，这样的伙伴关系面临很多挑战，这是一个"天上的婚礼"，任
务艰巨，道路光明。

要做到这一点，金融服务提供商和监管机构必须共同努力，找到使金
融系统将客户带入这个规范的系统中的方法。这是下一章的主题。

第七章

监管

一、引言

金融科技创新越来越受到关注，其快速的变革行为引发了这样一个问题：数字化转型将会给金融带来怎样的风景？传统金融机构的作用非常关键，但也需要关注初创企业给金融用户带来的新的风险。

本章介绍了其中的一些问题。我们关注监管者面临的挑战，他们需要探索不同的方法，在确保在位公司和新进入者公平竞争的同时，保护金融消费者的利益。这一章还考察了金融监管如何支持金融科技初创企业，促进创新。本章的多数内容来自于 Dareolles（2016）的论文。

二、监管机构的作用

金融服务业正在发生重大转变。在这种情况下，监管机构很重要。

- 继续保证对客户和系统的合理保护。
- 避免通过给新进入者设置进入壁垒过度保护在位者。这样做会阻碍金融创新，不利于监管对象之间的公平竞争。
- 选择有利于新进入者的、相比于在位者更加宽松的方式。

一些例子揭示了上述挑战和危险，如互联网支付和银行账户汇总服务中的客户识别。

对于在线和移动支付，客户可以选择不同的入口。目前的趋势是使用比标准的用户名和密码登录方法更简单、更人性化的识别解决方案。这些解决方案与金融机构使用的传统方法非常不同。欧洲关于获取银行信息的指引涵盖了一些创新型服务。根据该指引，新的支付服务提供商遵守与其他支付机构相同的规则。这可能是出于对安全的考虑。

　　银行账户聚合服务会产生类似的问题。这些应用程序需要从其客户的银行业务中检索来自金融机构的信息。客户需要将自己不同账户的凭证发送给汇总者。然后，汇总者反复使用这些信息来形成对客户财务状况的分析。金融机构不断使用客户识别代码接收数据请求，而不知道它们是来自客户还是潜在未经授权的第三方运营商的。它们必须提高这些连接请求的可追溯性。金融机构认为需要采取更具保护性的行动，还要求使用强大的识别系统。在这种情况下，第三方运营商每次向民间机构的系统发送请求时都需要进行认证。但这种做法缺乏对客户的吸引力。事实上，一个账户汇集商需要要求其客户每天为每个账户重新输入委托凭证。这些事项涉及安全问题。监管机构可以通过发布关于无现金支付系统的安全性或在线访问银行账户的建议做出回应。最后，客户应该决定是否采用这个解决方案。金融机构有义务让服务提供商获得有关客户的信息。这意味着一家金融机构通过建议用户拒绝让第三方访问其账户的方式，也无法阻止汇总者访问其客户的详细信息。这提出了谁应该承担互连所需的基础设施以及解决所有互连问题所需要的费用问题。其中涉及的最关键的问题还是安全，因为共享客户识别细节增加了网络攻击的威胁。如果支付服务提供商被黑客入侵，它可能会无意中将攻击传播到为所有客户提供的专业服务中。传统金融机构要求为新进入者制定更严格的安全规定。这引起了人们对正在使用的认证系统的关注。

公平的待遇和竞争

这些例子说明了监管机构在协调创新和安全方面面临的困境。虽然所有国家都如此，但各国监管机构的反应是不同的。例如，中国拥有一个具备开放性、支持性的监管环境。事实上，2013年，中国人民银行明确表示支持科技公司推进互联网金融。

监管机构可以发挥不同的作用，因为它们的决定对在位公司和新成员之间的竞争会产生直接和间接的影响。它们需要为所有参与者提供一个公平的环境，同时要培育创新、安全、富有竞争力的金融市场。

研究瑞士监管机构打击洗钱的情况很有意义。其金融市场监督管理局修改了"反洗钱条例"，以反映技术上的直接变化。修改后的版本涵盖了互联网支付和识别程序。监管机构允许在线认证。金融市场监督管理局拒绝了特定的门槛，低于这个门槛的客户不需要正式表明自己的身份。这是监管机构在不影响安全的情况下考虑创新需求的一个很好的例子。

监管机构需要更全面地考虑向市场代理人提供激励机制，以及这些激励机制对其行为方式的改变；还需要保持一套统一的规则，抵制用不同的规则对待不同类别参与者的行为。对不同企业使用不同规则，会造成金融行业中的孤岛。这将阻止新参与者的出现并阻碍金融创新。阻止新进入者的做法虽然有利于在位企业但却扭曲了市场。监管当局也可能倾向于对在位企业进行更为严格的管理，因为它们对业务了如指掌，而对于新的市场参与者，以及没有经历过足够危机的市场参与者，采取一种宽松的态度来评估它们的风险。监管机构在保持正确的平衡姿态方面面临艰巨的任务，一方面要允许在位者生存，另一方面要促进新进入者的创新。

以下是一些一般原则。

- 在技术进步方面保持中立态度。不管是提供传统方法还是采用新的技术解决方案，法规都应促进机构之间的良性竞争。

- 保持一套统一的规则，同时这些规则应适用于所有的参与者，而不是根据它们的特点而被区别对待。无论这家金融机构是使用线上的还是传统的方式处理交易，这都不应该影响监管机构的态度。

- 保护金融系统的客户以及系统本身。监管机构必须为消费者权益服务，在不断变化的可能随时出现新的、意料之外的风险的环境中保护客户。同时，要保证这个系统运作良好，并且从金融的角度看是稳定的。

遵守这些原则并不容易。我们举一个例子进行说明。在客户认证方面，有几种技术可以简化这一步骤，但每一种技术都包含不同的风险。彻底拒绝在线身份认证将使创新难以实施，这将扼杀创新和阻止新的可以应对识别问题的解决方案。相反，允许低于特定阈值的交易进行在线识别将鼓励开发新的解决方案，它最终会产生更有效的工具来限制欺诈风险。这种方法可以使监管机构达到上述两项原则，尽管这些原则很难协调一致。其他金融领域也出现了类似做法。例如，设置一个信用卡支付授权的门槛，当使用近场通信（Near-Field Commumication，NFC）读取的快速方法时，不需客户冗长的签名。

但是，我们也很难像对待传统企业那样对待金融科技创新企业，这些企业有时是高度专业化的。相对于创业企业，传统企业更具有通用的特性。对于监管者来说，解决方案可能是创建新的金融中介类别，但要求比一般性金融服务更为宽松。例如，在特定条件下，如果不存在新型实体流动性错配问题，就允许放宽某些规则。只要没有流动性错配，新进入者就不需像银行那样满足很多要求。因为在这种情况下，客户承受的风险非常小。因此，满足这些条件的新进入者不需要完全符合针对传统机构的规制。

欧洲法规

自 2007 年以来，基于欧盟支付服务指令，非银行支付服务提供商（所谓的支付机构）已经得以创立，市场对它们的授权和稳定性要求更低。无论何时，金融科技创业者若想要在支付领域开展业务，都应该考虑到这一点。

支付服务指令 1（The Payment Service Directive 1，PSD1）不能完全处理新技术和金融科技企业的所有问题。监督、安全和数据保护等话题对于新企业及其技术获取客户信任非常重要。为了适应这些企业及其发展，欧盟委员会启动了对 PSD1 的修订。欧盟委员会制定了支付服务指令 2（The Payment Service Directive 2，PSD2）。PSD2 从法律角度为金融科技企业提供一些基于金融数据的新型创新服务。PSD2 强制规定银行向第三方提供其客户的银行账户。这一规定将使金融科技行业能够获得金融数据和开发大规模交易的能力。

银行被称为"账户服务支付服务提供商"（Account Servicing Payment Seruice Provider，AS-PSP），直接提供服务的公司被称为第三方支付服务提供商（the Third-Party Payments，TPP）。后者提供的服务包括使用客户数据（也称为账户信息服务，Account Information Service，AIS）和启动支付（也称为支付启动服务，Payment Initiation Service，PIS）。二者合在一起被称为支付账户访问服务（Payment Accounts Aceess Services，PAAS）。

通过允许 TPP 进入目前由银行主导的某些金融服务的市场，欧共体期望更多的经济和福利增长。更多的参与者带来了更多的竞争，这将对金融服务的种类和定价产生积极的影响。随之而来的发展也将支持创新，为客户提供更多样化的服务，同时也提供更多的选择。

需要考虑的风险

技术进步促进创新，也带来了新的风险。监管者的主要任务是保护金融服务的客户和投资者，保证金融体系的稳定。接下来分析监管者需要关注的三种风险：

- 网络攻击的威胁；
- 与传统的金融服务外包有关的风险；
- 大数据分析方面的风险。

金融服务是网络攻击的主要目标。旨在进行简单交互的在线与移动服务的出现，使这些风险更有可能发生。在最糟糕的情况下，一系列的协同攻击可能会引发市场流动性紧缩，威胁某个特定机构的偿付能力。评估这些新风险并不简单，没有历史数据可以用来模拟真实场景。监管机构应该采取务实的态度，它们需要确定可能的攻击，并测试公司实施的防御机制。问题在于创新使产生新型攻击的可能性不断增加，只有具备良好的专业知识，监管机构才能充分发挥应有的作用。

某些活动的外包是另一个风险来源。过去，金融机构都在内部从事价值链上的所有活动，因此对一个实体进行监管就可以。但目前，传统金融机构和初创企业的情况都发生了很大改变。在传统金融服务方面，成本压力正在推动公司将一些传统活动（如计算机化交易处理）外包给外部服务提供商。将技术含量较高的活动外包给专业化和敏捷性较强的参与者，这是一种有意义的趋势，这些参与者可以更好地使用新技术，由于规模效应，也更能降低成本。打造价值链是一部分受到监管的金融机构的责任，也是一部分不受到监管的参与者的责任。如果危机威胁到一个机构的偿付能力，我们将很难预测这个机构和外包商之间的关系。如果金融机构陷入困境，服务外包商是否会同意继续提供交易是很难确定的。尽管在正常的经济景气时期，外包是一个正确的选择，但危机来临时，就会出现新的协调风险。同样，处于垄断或寡头垄断地位的服务提供者的破产也会造成新的系统性风险。

外包大多与创业企业有关。许多金融科技创业企业使用处于核心银行系统的传统金融机构的服务或牌照。在某些情况下，这可以帮助它们立即开展金融服务，还能使它们通过客户关系管理（CRM）专注于增加附加值，而不必花钱开发自己的服务运营系统。因此，新进入者使用外包的可能性非常大。在分享和虚拟经济中，所有的机构都有动机去寻求低成本的有效解决方案，来处理价值链中最不经济和非核心的特定活动。对于监管机构来说，外包会导致很多不同的后果，技术创新同时影响着原有的和新的市场主体。客户和监管机构检验外包商的适应能力，并将其覆盖在监管范围里，是非常重要的。

监管机构不仅要在制度层面，还要在商业层面关注大数据分析的使用，尽量避免对个别群体差别对待所导致的不良后果。监管机构应该在三个主要方面保持警惕：

- 数据收集不得侵犯个人隐私；
- 风险分类不得成为市场的制约因素；
- 对个人生活信息的使用不能成为歧视工具。

巴纳德·威尔斯（Barnard-Wills）2016年出版了一本有意义的书，可以提供关于这个问题的更多见解。

三、监管科技

为了以积极的态度结束本章的话题，我们需要指出，有些金融科技企业可以提供合规方面的帮助。这些被称为监管科技的创新，可以提供解决方案以应对监管合规的复杂挑战。FCA 将它们描述为金融科技行动的一个构成部分，其重点在于可以提供更有效、更经济的监管。

监管科技企业支持金融机构的目标包括以下方面。

- 新法规。新法规的出台带来了一系列挑战：理解法规，限定个别组织的范围，以及修改或实施新应用的资源战略运作规划。通常，企业希望在更短的时间里适应新法规。
- 现行法规。金融机构需要在报告形式、审计和治理要求等方面确保持续地合规。

监管科技创新提供了以下解决方案。

- 合规与行为分析：进行风险评估。
- 监管合规自动化。
- 提供符合具体规定要求的按需服务的文件和审计。
- 员工监督：进行行为评估、语音和电子通信筛选。
- 防止欺诈：反洗钱、交易监控和欺诈检测。
- 报告和欺诈检测：根据客户需求，提供定制化的合规风险报告。
- 合规数据库和案例管理。

安永公司对监管科技解决方案进行了如下分类。

- 预防诈骗
  - ✓ 这些解决方案对交易进行实时监控，以确定金融违规行为中的时差、问题和趋势。预防性行为可以降低欺诈风险及其造成的相关成本。
  - ✓ 企业可以分析检查大量不同的数据点，以发现潜在的对金融安全的威胁。

✓ 解决方案可以实时支持对合规决策的验证。通过这种方式，监管科技解决方案也可以对运营起到帮助作用。

- 监管合规自动化

  ✓ 监管科技平台可以对规则的解释和即将发生的变化提供支持。

  ✓ 监管科技创新正在解决一些关键性的挑战，如构建一个统一的风险和控制管理的监管框架。

  ✓ 机器人可以执行日常的合规性监督和测试流程。

  ✓ 机器人顾问使用复杂的算法为客户提供无需人工干预的自动化建议。

- 行为和文化

  ✓ 为行为分析和行为驱动风险提供解决方案，指出潜在的不当行为，并明确公司文化。

  ✓ 量化文化变革创新的影响。

- 预测性分析

  ✓ 分析可以为预测特定组织的运营风险和监管风险提供支持。

  ✓ 分析有助于找出以前违反监管规定的根源；预测金融市场中的潜在风险区域和颠覆性事件；支持可能的修复行为。

监管科技解决方案的一个最大好处是支持多重监管环境。许多法规都有相同的数据、流程或治理结构，这通常会导致金融机构的监管成本大幅增加。实施监管科技解决方案可以允许金融机构避免这种重复造成的资源浪费，使组织运营更加高效和经济。

对于目前依靠人力来完成工作的专业组织来说，监管科技解决方案是有意义的。通过这种方式，它们可以从提供服务转向提供产品。为企业客户服务的高端专业公司具有明显的优势，因为它们提供特殊的专业知识，产品利润非常可观。但这也是一个缺点。如果一个咨询公司想要增加一倍的收入，就必须增加一倍的顾问人数。技术在为这些公司寻找出路。它们可以利用算法驱动的自动化和数据分析力量来"工作"。这可以增加利润率，同时以竞争对手无法比拟的价格为客户提供更好的服务。合规性专业服务公司转向提供监管科技解决方案是一个有意义的选择。

监管科技领域的拓展空间很大。未来将会有更多的业务性活动，需要提供更好更有效的解决方案，并遵守更多的规定。监管科技本身为金融机构提供了一个很好的机会。它可以帮助企业摆脱为了合规而进行的繁重和耗时的活动。

一个有意义的方向是在监管科技项目中使用人工智能。这不仅意味着日常活动合规化的自动化，也意味着使用机器人顾问或神经网络执行目前需要专业人员的复杂活动。

监管科技企业的例子

爱尔兰关于监管科技企业的例子包括以下这些。

FundRecs——为基金行业创建对账软件。

Silverfic——通过安全和受控环境中的资金数据工具创建资产管理公司和保险公司之间的连接。

Trustev——通过实时扫描交易来防止在线欺诈，以确定它们是否具有欺诈性。

TradeFlow——提供交易数据跟踪和风险警示技术。

Vizor——创建软件来支持监管机构（如中央银行、财务监管机构或税务机关）实施对企业的监管。

Corlytics——创建分析金融机构合规风险的软件。

AQMetrics——提供高质量的综合监管风险和合规性管理。

FundApps

"接受基础设施方面现代解决方案的公司，包括同类最佳的基于云技术的公司，已经获得了更低的总成本和更高的可扩展性和效率。更重要的是，行业刚刚开始意识到，在不断变化的监管世界中，已经存在一段时间的技术是如何高度互补的。"——KarlSchindler，FundApps 内容部负责人

总部位于伦敦的 FundApps 是一家监管科技公司。FundApps 创立于 2010 年，其合规性监控和报告解决方案有两个非常简单的目标：

- 使其基于云；
- 维护一个合规方面的专家团队，随着新法规的出现，可以更新平台。

FundApps 公司成功的核心在于其提供的解决方案能够随着新法规的出现而进行扩展和变化。这不仅有利于降低公司的整体成本，并打造客户服务模式，而且有助于减轻客户面临的监管负担，增加其整体价值主张。获得这些成果的方法是利用云技术、可访问的开发能力以及伦敦 TechHub 的一个生态系统。

HoganLovells

"因希望被授权而投入的成本和时间是所有业务的重大投资。我们知道 FCA 在促进监管加速器项目方面已经付出了很多努力，但是我们也知道这不是每个企业都可以获得的，所以我们创建了自己的工具来应对客户日常面临的挑战。"——RoglKent，HoganLovells 财务部门全球负责人

HoganLovells 推出了在线工具，帮助金融科技创业企业更好地了解 FCA 法规。该公司将向在英国受监管的企业免费提供工具。

该公司已经启动了监管加速器，帮助金融科技企业了解 FCA 法规，并解决业务扩张带来的挑战。加速器由帮助企业的工具和资源组成：

- 了解 FCA 的申请流程；

- 它们是否需要成为授权公司；

- 它们是否正在进行受监管的活动或正在进行财务促销。

该工具帮助金融科技创业企业以更简单、快捷、便宜的方式进入市场。

四、结论

一方面，目前的监管方式受制于政治经济体制和协调成本，因此很难进行结构性改变。另一方面，金融科技创新可能带来深刻的变化，但它们也会带来新的监管挑战。

到目前为止，传统的金融服务机构在很大程度上是与金融科技创业企业进行合作而不是将其收购。数字化转型为金融业提供了巨大的增长潜力。必要的监管变革不是使创新变得困难，而是提供系统所需的稳定性来满足客户的期望，并减少风险和麻烦。

监管科技创新可以提供并支持新的和有意义的解决方案。

The Future of FinTech

Integrating Finance and Technology in Financial Services

第八章

保险科技创新的商业模式

一、引言

金融科技企业正在重塑金融服务业，为市场提供创新的价值主张，并以前瞻性战略和先进的商业模式为后盾。

本书前几章着重分析了高度异质化的金融科技环境，对典型性公司的行为进行了深入刻画。

这一章的主题是"保险科技"，即金融科技的保险行业分支。一些公司正在通过技术重新思考保险价值链。保险业面临的技术颠覆的时机已经成熟，虽然结果可能不会令人愉快。金融科技初创企业一直在无情地瞄准着金融服务领域的某些领域，最初主要是支付，现在轮到了保险行业。普华永道公司发起的一项问卷调查发现，每十位保险公司高管中，有九位认为至少在未来五年内，他们的部分业务将面临风险——这一比例高于任何其他金融领域。

根据 CB Insights 的调查，2016 年第一季度保险科技企业获得了 6.5 亿美元的融资，是 2015 年同期交易的两倍。本章将重点介绍画布模型在保险科技中的应用，探讨如何克服这一挑战性问题。

需要格外指出的是，虽然本章研究的是保险科技初创企业，但在最后一部分我们力图摆脱银行与保险的二分法观念，即认为这二者是两种完全不同的、相互隔离的主体。事实上，在产品、流程、组织和商业模式中，越来越多的交叉融合和交流正在二者中发生，将来还会发生更多。一个例子是银行保险（Bancassurance）的出现，同时，单元链接政策也是需要我们关注的方面。

二、颠覆性的驱动力

每个公司都需要将一部分预算分配给技术投资，重要的问题是投入多少以及投向哪些技术。思考这两个问题有助于每个商业组织理解自己面对的经营环境特性，需要强调的是，不存在一个普遍适用的规则。一定程度的不确定性一直修正和改变着公司的行为结果，数学模型通常以外生参数来反映不确定性对其结果的影响，但这样做的有效性是缺乏保证的。

保险科技企业和其他所有商业组织一样，对外部环境都拥有一定限度的控制力。近年来，这些控制能力表现出了一些技术方面的内涵。

研究下述两个方面是很有意义的：

- 加深对多年的技术性僵局之后导致保险行业发生巨变的要素的理解；
- 深入分析保险公司即将倚重的杠杆。

整体而言，与金融业相比，保险行业在数字成熟度曲线上的定位可能落后二到五年。然而，抛开这些纯粹的技术问题，一个有趣的视角是分析变化的客户期望和需求。

三、客户的新期望和新需求

客户已经从根本上改变了与金融机构的关系性质。因此，金融机构不应该试图保持不变的立场，而应该向前看，努力预测自己的竞争对手。当然，这并不像看上去那么容易。它们应该能够理解为什么客户发生了改

变，以及如何利用这一点，以便找到更有效的方法来加强与客户的互动和
建立信任关系。

在商业计划中，保险科技初创企业应向客户提供个性化的价值主张。
一些技术可以提供支持，比如物联网。本书第四章曾讨论了这个话题，现
在需要明确的是技术如何帮助企业提供个性化的业务。一个简单的例子是
可穿戴设备，比如健身手环。这些设备可以跟踪和监测佩戴者的主要健康
指标，将相关信息发送给保险公司，保险公司以此提供更好的、个性化的
服务，例如，设置简单的激励措施来降低保费。

由于技术的发展，保险公司与客户互动的性质发生了变化。目前，保
险公司主要专注于推动新的交易和合同，客户是被动招募的，并没有完全
意识到他们要签署什么。这就是所谓的信息不对称。代理商和经纪人都在
追求客户，他们一直被认定为"重销售"模式的主要参与者。

整体环境向着与客户更相关的用户方向发展。保险公司越来越意识到
这一点。因此，它们正转向一种截然不同的关系，增加与客户的互动性。
在这种互动的客户关系演变中，客户正变得越来越活跃并成为中心，驱动
着环境的变化。

最终，政策和保险流程也发生着同样的变化。现在，客户们期待着完
全不同的交互方式，主要体现在技术创新方面，如大数据分析和在线门户
网站。

四、技术的影响

在应对保险业持续发展的问题时，技术是最重要的因素之一（见
图 8.1）。保险公司完全意识到了这一手段的战略利益：初创企业训练营
（startupbootcamp）已经分析了 1000 多家公司，目的是识别那些技术应该

发挥其主要作用的领域。

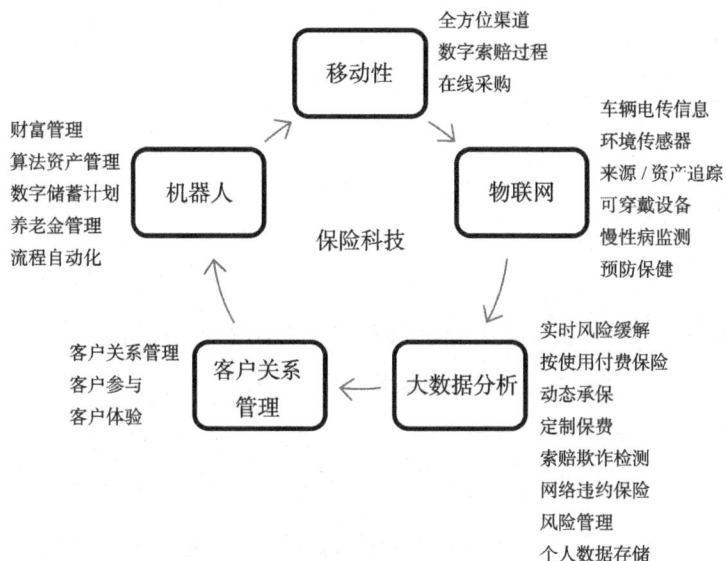

图 8.1 **技术对保险业的影响**

ICT 对于保险公司而言，虽然并不像银行那样至关重要，但也不是无关紧要的。

很多正在变化的因素使 ICT 对于保险公司越来越重要。推动这些变化的力量有：

- 市场（3Cs）；
- 技术；
- 设计；
- 合规。

本章考察了技术的贡献。保险行业的 ICT 正在不断发展。下面一些新的解决方案对保险科技来说很重要：

- 移动设备应用；

- 大数据分析；

- 物联网；

- 社交媒体；

- 机器人和人工智能；

- 区块链；

- 云计算。

研究客户更易于看到的技术（这也是一种动力）是很有意义的。

近年来的金融危机影响着世界上许多经济体，但即使面临这些问题，移动设备仍在以非常快的速度增长。智能手机和平板电脑的使用范围正在扩大，手机的总数几乎等于世界人口。智能手机和平板电脑的扩散速度远远快于传统手机和电脑。手机对保险产品的销售产生了很大影响，显然在某些情况下，这是一种理想的解决方案。

大数据分析是对保险公司非常重要的技术，营销支持和风险管理是其众多运用中突出的两个领域。这项技术有望使 ICT 功能从记录系统转变为参与系统。换句话说，ICT 的功能可以从大型档案记录器转变为保险公司的决策支持系统，例如，是否接受再保险的决策、新风险溢价的确定等。

因为能够提供定制化服务，物联网对于保险公司来说也非常重要。例如，它可以让客户按使用量付费或让保险公司基于客户的健康状况和生活方式进行定价。

以下各节将聚焦于这些技术在本书提出的商业模式中的应用，并进行进一步分析。不过，现在我们应该清楚地了解，在保险行业中技术的大规模使用将释放极大的潜力。

五、保险和科技：保险科技

普华永道公司将保险科技（insurtech）定义为金融科技创新的保险业分支，特别是保险科技创新正在积极利用技术为其目标市场提供创新的价值主张，从而获得竞争优势。

根据普华永道公司的数据，保险行业在过去 100 年的时间里没有发生明显的变革。但在过去的 10 年里，技术促进了各个领域的变革和创新，带来了令人兴奋的应用和先进的商业模式。保险科技领域的投资规模与金融科技中银行和支付行业的大致相同，这充分表明了其对外界的吸引力。

技术并不是造成颠覆的唯一因素。金融服务业的变化和其他发展也影响了保险公司。保险公司的客户已经发生了巨大的变化，他们的期望和需求也随之改变。

因此，保险公司应该通过调整商业模式来适应这种环境的变化，把客户放在战略中心的位置，积极主动而不是被动地改变和创新。

客户期望只是造成行业颠覆众多因素中的一个。技术也对所谓的技术壁垒产生了影响，它降低了进入的门槛，让一些新的参与者进入保险行业。开源框架的扩散、需求的发展和云计算是导致新进入者的一些技术因素。这一结果导致金融服务市场出现了意想不到的颠覆和动荡，而金融服务市场的所有组成部分，本质上是稳定和静态的。

第四章分析了一些最重要和令人不安的导致金融业颠覆的创新，多数时候我们把"金融科技"作为创新的主要接受者和受益者。保险公司，作为金融科技的一部分，可以被认为是技术催生出最好结果的行业之一，例证就是本书第四章讨论的关于大数据分析的应用。

六、模型在保险业中的应用

有必要强调的是，保险行业范围太大，不允许建立一个能够适用于每一个组织的模型。毕竟，每一类组织都有自己的价值主张、市场及收入和成本结构，虽然这不是本章讨论的内容。尽管如此，将本书中的商业模型应用到保险科技创业企业的分析仍是非常有意义的（见图 8.2）。

伙伴关系和合作	流程和活动	产品和服务	客户体验	市场
	• 市场营销 • 大数据分析	• 自动化建议 • 技术辅助建议	• 以客户为中心 • 清晰 • 透明 • 简单	• 消费者 • 竞争对手 • 监管者
	资源和系统 • 虚拟机器人 （RPA） • 区块链 • IoT • 移动应用程序 • 算法		渠道 • 数字频道 　▲应用 　▲Web 解决方案 • 全方位渠道	
成本和投资		收入来源 • 政策 • 数据货币化		

图 8.2　保险科技的商业模式画布

商业模式画布

保险公司和保险科技公司有几个共同点。尽管前者的金融基础在某些情况下显著强于后者，但保险科技仍是保险业的自然演进方向：根据达尔文的进化论，保险科技是一个仍在进行的适应过程以及与外部环境相互影响的事物。

商业模式画布旨在为每个在保险行业进行经营的公司提供通用的和实际的指导方针，助其成为一个成功的组织。

上一节讨论了麦肯锡（2016）描述的影响保险业的驱动因素，它包括以下两点（见图 8.3）。

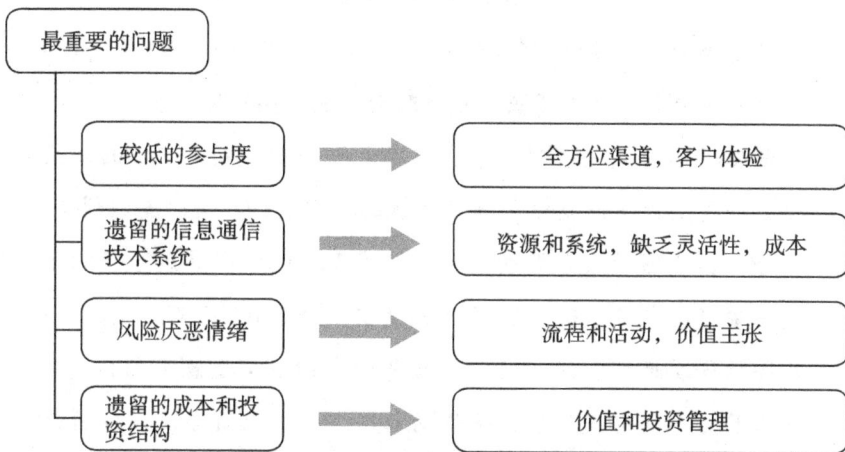

图 8.3

图 8.3　保险行业的重要问题和商业模式

- **低的参与度**："人寿保险公司长期以来一直在努力吸引潜在客户，并与现有客户建立关系。该产品的客户兴趣高，但参与度低，导致了巨大的未开发需求"。保险公司和消费者之间的中介组织——代理商、银行、独立的财务顾问和在分销渠道中垂直运作的经纪人，对减少他们的距离没有帮助，这是由于整个行业的低数字化并不符合新一代客户的期望，比如千禧一代。这些客户不依赖他们的私人关系，如家人或朋友获取信息；他们更喜欢浏览在线评论或社交社区，比如专门的论坛和其他在线平台。随着智能手机和其他移动设备的急剧扩散，千禧一代影响了老一代人的行为。

这就是所谓的"均衡效应"。对于一个静态和低数字化的行业，一直以来都是面向主要由非数字原住民构成的市场，缺乏表现出管理思维、前瞻性态度和数字能力的组织，其后果很严重，这就意味着灵活的、以数字为导向的保险科技初创企业可以长驱直入。

- **遗留的成本和投资结构**：新兴的初创企业有可能提供前沿的主张，而无需付出对现有组织进行转换的成本。但传统寿险公司的情况并非如此，它们最有可能推出的政策是 20 年或 30 年前制定的，这意味着其政策是死板、难以改变且成本高昂的。

- **遗留的信息通信技术系统**：仍以寿险企业为例，它们的政策和客户的稳定性与旧流程和 ICT 系统的使用密切相关。麦肯锡（2016）指出，遗留的成本结构和信息技术系统的结合导致了欧洲市场的总费用比率在 2000—2013 年期间仅下降了 0.5 个百分点。

- **风险厌恶情绪**：保险行业通常是静态的，不愿意改变和创新——很长的产品开发周期，很低的 ICT 投入，对许多试图发展的保险公司来说，缓慢的交付决策是一个巨大的瓶颈。有人把保险公司称为"慢鱼"，在稳定的和缺乏风险的"海"中运营。

图 8.3 强调了影响保险业的主要问题与所提出模型之间的联系，它可以洞察各种可能给整个行业造成困难的问题。考虑本书模型的不同路径是很有意义的，如果能够找出不利因素，那么也就能够找到可能的补救办法。

作为第一步，确定麦肯锡认为的相关领域的四个主要问题是有趣的。这是一个商业模型的宏观框架，将对考虑到的问题产生积极的或消极的影响（见图 8.4）。

伙伴关系和合作	流程和活动 风险厌恶	产品和服务 风险厌恶	客户体验 低参与度	市场 •消费者 •竞争对手 •监管者
	资源和系统 遗留的信息通信技术系统		渠道 低参与度	
成本和投资 遗留的信息通信技术系统 遗留的成本和投资结构		收入来源		

图 8.4　顶层保险问题和商业模式画布

第三章描述了一个试图适用于所有金融科技初创企业的模型。为了更好地使之适用于保险业，有必要对其进行一些调整。特别是每一个创业企业都应该把重点放在以下几个重要的方面：

（a）市场——聚焦于目标；

（b）产品和服务——聚焦于附加值；

（c）渠道——聚焦于社交和全渠道；

（d）客户体验——以客户为中心；

（e）收益——聚焦于客户的终身价值；

（f）流程和活动——聚焦于市场营销；

（g）资源和系统——聚焦于技术；

（h）伙伴关系和合作——聚焦于金融机构；

（i）成本和投资——聚焦于风险。

这个框架更适合金融行业中初创企业所面对的新环境。当考虑金融科技创新的不同类别时，列表中的项目及其具体目标和目的的权重是不同的。例如，关于伙伴关系和合作，对于保险公司和市场贷款机构来说，金融机构的权重是大不相同的。这就是为什么这里关注的不单单是金融机构，而是金融机构和其他战略合作伙伴。

分析哪种组织受益于本书的商业模型是很有意义的。尽管这个模型主要适用于新进入者和那些愿意彻底改变其业务的公司，但在保险行业中运营业务的每个组织都可以从本章给出的见解中获益。为创新提供舞台并持续通过变化来"暖场"，对初创企业和成熟企业的思维模式形成都是有帮助的。重要的是永远不要失去全局视角，不要局限于一个具体部分的转型。

七、伙伴关系和合作：聚焦于金融机构和其他战略合作伙伴

保险科技企业不应该只关注金融服务，但这一章仍专注于此，因为它是最相关的要素。

今天，保险业经历着比以往任何时候都大的结构性成分的重大变化，其中的商业组织正面临着新的风险和挑战。正是因为这种新形势，保险公司更需要找到途径，以更有效地获得竞争优势。合作是一个强有力的工具，如果管理得当，企业能够以最小化的成本创造更多的收益。

金融机构和保险公司建立伙伴关系可能不会被认为是最近的潮流，一些业务模式确实被认为是为了从这种伙伴关系中有效获取收益。银行保险模式（BIM）是一个新的保险分支，它提供了新的经营方式。

保险公司的第一步是与银行建立合作关系，图8.5列出了在合作关系中要考虑的最重要因素。

一旦保险公司选择了一个或多个合作伙伴，基于不同的基础，随后的故事可能是不同的：

- 这家保险科技公司拥有领先的地位；

- 银行处于领先地位；

- 创建了一个合资企业。

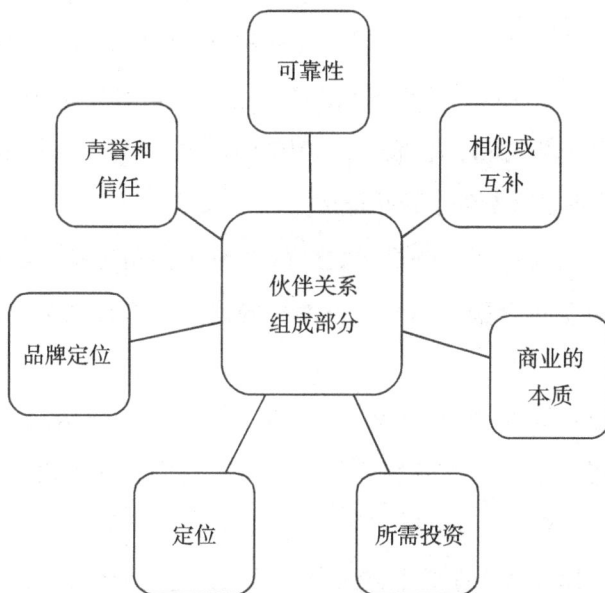

图 8.5　合作组件

金融机构和保险公司之间的合作是给两个组织带来重大利益的必要步骤：

（1）规模经济和降低成本；

（2）市场份额的增长；

（3）产品多样化；

（4）实现协同效应。

金融机构和保险公司的合作，目的是在降低成本的同时增加收入，从而提高利润。这一目标推动了所有决策过程。管理者必须彻底弄清楚其决策产生的影响，一直保持前瞻且谨慎的心态。

局部的分析可能既影响收入也影响成本，而组合和平衡各个局部是决策过程的一部分。

通常保险公司考虑的合作的第一个好处是扩大客户基础。金融机构和保险公司实际上可能会合并它们的客户基础，同时也保持它们原有的客户。这个流程通常构建在收费的基础上。保险公司对其客户与银行合作伙伴之间产生的每笔交易都收取一定费用（反之亦然），而费用高低则严格取决于所考虑的商业组织的议价能力。

有时，保险公司和金融机构之间的关系也会超出扩大的客户基础范围，比如提供新的金融产品和服务的协同发展。这种做法可以产生竞争优势。

利用与金融机构的伙伴关系会对风险的分配产生影响，对于地理多样化也仍然有效。它可以避免特定领域的风险集中，同时通过不同市场的渗透增加客户基础。

同时，规模经济会在成本方面产生影响，这使得组织可以通过扩大规模、增加产量形成成本优势。

八、客户的授权

本节的目的是阐明那些愿意对商业计划进行重大改变的保险科技初创企业和现有保险公司应该如何处理客户授权，同时帮助它们获得竞争优势。

具体来说，本节讨论本书中所展示的模型的三个方面：

（1）流程和活动——聚焦于市场营销；

（2）客户体验——聚焦于以客户为中心的方法；

（3）渠道——聚焦于社交和全方位渠道。

这三个方面的内在是紧密关联的，因此综合阐述是合理的。

特别地，对于传统保险公司，对市场产生负面影响的主要问题是：

- 低参与度；
- 风险厌恶情绪。

对于新进入者和刚起步的公司来说，按照这种模式来设计它们的业务可能会更容易一些，而现有的企业不得不面对严重的转型障碍，如果管理不善，这些障碍可能会带来负面的后果。

本书提供了流程指南。它提供了一条清晰的路线，能够设计一种模式将保险公司与它们的目标联系起来。与此同时，重要的是保险公司要记住，通过什么方式以及在何种程度上实施变革和创新，而这已经超出了本书的讨论范围。

由富士通（Fujitsu）委托开展的一项欧洲范围内的研究，可以提供关于保险公司与客户之间互动方式的转变的证据。

这项研究特别强调了以下事实。

- 如果不提供最新的技术来与他们进行互动，超过三分之一的欧洲客户就会离开银行或保险公司。
- 近三分之一的人已经开始接受移动支付。其中五分之一已经在使用可穿戴设备和数字币支付。
- 近五分之一的人会从谷歌、脸书和亚马逊等新型机构那里购买金融或保险服务。

针对保险公司，富士通发布的声明（2016）说：

"在整个欧洲，97%的受访者表示，他们很高兴金融机构或保险公司利用数据为他们提供更广泛的服务，这表明了消费者心态的巨大转变。

- 近五分之三（59%）的人会为金融机构或保险公司使用他们的数据从而降低抵押贷款利率而高兴。
- 将近一半（47%）的消费者允许金融机构或保险公司使用他们的数据来推荐相关产品和服务。
- 超过五分之二（44%）的人希望金融机构或保险公司使用数据，让他们了解自己的消费习惯，并提供相关建议。
- 超过三分之一（36%）的人希望金融机构或保险公司使用数据来修正他们的信用评级。"

根据这项调查，走向数字化似乎是保险业的自然演进方向。

以下将对一些新技术的应用提供进一步的建议。可以这么说，数字化并不是一件容易的事情，公司必须建立 ICT 系统、改变商业模式、革新文化、调整结构等以适应新的业务。

本节将探讨保险科技公司利用技术向市场提供颠覆性产品和服务的方式，目的是获得竞争优势。第四章分析了这些创新的大部分形式，但并没有对保险行业进行详细说明。

对于所有在这一领域开展业务的公司，所有那些以信息管理为基础来交付产品和服务的公司来说，这里提到的一些创新是改变游戏规则的元素。

保险公司可以利用几个趋势来实现增长：

（1）移动设备；

（2）渠道；

（3）大数据分析；

（4）物联网；

（5）区块链。

移动性

目前保险业的发展正在变革着其产品。与金融科技企业的情况类似，保险业正朝着"保险2.0"的方向迈进，这一阶段的特点是：凭借可现场提供产品和服务的移动设备开展即时响应的承保流程。

向移动方式转变并不仅仅意味着让用户将应用程序下载下来。人们应该考虑这样一个事实，即企业增加移动性功能意味着执行内部流程，目的是通过移动设备增强客户体验，从而在必要时改变陈旧的惯例，以支持新的、重新设计的流程。

公司也可以让员工使用移动应用，以提高客户体验。例如，保险公司的员工有可能需要撰写与线上访问客户进行的交互行为报告，或者市场营销人员需要实时获得信息并进行分析。

其他的机会来自核保领域，以及单纯的移动功能，比如地理定位。

Knip（瑞士保险管理应用）

"只要点击一下，他们就能打开整个保险单，所有重要的信息都在手边。此外，我们的保险顾问还将帮助用户找到最适合他们需求的保险。"——Dennis Just，Knip 联合创始人

Knip 基本上相当于一位保险经理。在由 H2 Ventures、KPMG 和 Matchi 联合推出的《金融科技 100 强：全球领先的金融科技创新者 2015 年报告》中，Knip 位列第 29 位，是瑞士一家业绩排名最好的公司，它能更完美地满足客户需求的变化。

特别地，Knip 做到了：

- 完全无纸化；
- 客户可随时随地通过移动设备访问他们的数据；
- 个性化程度很高；
- 保险覆盖面得到优化。

Trov

"Trov 致力于通过简单、灵活和透明的方式来重塑保险业。只要在手机上轻轻一击，你就可以很容易地保护你想要的东西。无论你是在家里还是在路上，你的物品都可以免受意外伤害、损失或盗窃。你可以轻松地在手机上点击几次，然后在几分钟而不是几天或几周内处理遭受的损失。"——Fintastico 网站

美国 Trov 公司为那些希望保护单个物品或财产的客户提供保险服务。流程的简化使得客户节省了花在研究合适政策和管理流程方面的时间成本。特别是它提供了下面的服务：

- 跟踪；
- 价格信息；
- 按需购买的单项目小额保险。

本书的建议是，保险公司要尽快地、尽可能地拥抱移动设备。随着移动设备成为首选的金融服务工具，对保险公司来说，向客户提供的服务的移动功能变得至关重要。先驱者应该"丰富客户体验"，重点是留住客户，而不仅仅是吸引潜在客户，尤其是在获客成本不断提高的情况下。首先，对于保险公司来说，为升级移动功能和更好地使用它们，开发正确的移动

技术是一项必须的基础工作；其次，要构建恰当的关键绩效指标来衡量新旧应用程序的有效性和经济性，以避免成本浪费。

大数据分析

良好的数据处理是保险业的主要关注点之一，从数据中提取价值是这一业务的核心。风险评估基于由大数据支持的统计模型，随着时间的推移，这些模型变得越来越复杂。

保险公司本质上具有以下三项职责。

（1）通过客户获取与维护、交叉销售和扩大销售来实现利润增长。因此，取悦客户和管理渠道非常重要。

（2）通过提高资本效率和操作风险管理控制风险。因此，风险与收益之间的严格匹配至关重要。

（3）通过降低成本、理赔管理和富有成效的策略来实现运营效率。因此，资源的使用尤其重要。

大数据分析可以帮助保险公司完成上述三项职责。

与此同时，ICT 和其他解决方案的传播使保险行业重新燃起了对数据管理的兴趣。保险公司一直在研究能更好、更准确地评估风险的新手段和新方法。

高效和经济的数据管理对于恰当设置保费来说至关重要。在进行这一活动时，保费的确定应基于下述因素。

- 承保范围。基于被保险人或被保险标的的特征确定承包范围。保险人、代理人或机器人顾问应考虑并提出任何可能的交叉销售建议。
- 风险评估。保费应设定在可覆盖投保风险的水平上。
- 潜在利润。潜在利润与风险评估有显著关系，它的大小取决于保险公司的成本结构。

- 目标市场。适应客户的预算是保险公司的一个关键点。特别是在高度竞争的市场中，保险公司应在价格策略中强调客户附加值的中心性。

下文提供了一些保险科技初创企业的有效做法。

如前所述，过去几十年产生的大量数据已经将保险公司的注意力转移到了数据管理领域。这些公司的关注焦点是那些大量、复杂的数据，这些数据有多种来源，如文件、视频、照片、电子邮件等。这些数据是非结构化数据，但对公司来说具有相当大的价值。结构化数据作为一个电子数据表或数据库存在于一个记录或文件的固定字段中。非结构化数据与之不同，对于一个商业组织来说，从非结构化的数据中获得见解要困难得多。但是，保险公司不应该错过分析非结构化数据的机会，因为这些数据可能会给它们提供相对于竞争对手来说更大的优势。

不同的数据需要不同的管理工具。为了管理结构化数据，程序员使用一种特定的被称为结构化查询语言（Structure Query Language，SQL）的编程语言管理特定的数据库，这被称为关系型数据库管理系统。在不涉及技术细节的情况下，这些系统在结构化数据方面非常有效；但当涉及非结构化数据时，这些系统就会有些力不从心。

那些愿意利用大数据分析的公司应该看看其他类型的系统。为了管理非结构化数据，程序员需要使用"非关系型数据库"（见表 8.1）。这个数据库使用了能够管理大量非结构化数据的前沿技术。D3.js 是新技术的一个例子。它强调了数据设计在文件中的重要性，并支持所谓的数据互联网络。

第九章提供了进一步的分析，通过应用第三章提供的模型来分析一家金融科技企业。不过，本章提供了一般性的指导方针，帮助企业了解哪些因素可以促进大数据分析的实施。

根据 Bharal 和 Halfon 的研究，建议保险公司采取混合模式，即关系型数据库和非关系型数据库的结合手段，将旧的模式发挥到极致，同时利用前沿技术进行大数据分析。

快速发展的公开数据技术正在成为创造竞争优势的推动者。

与此同时，信息通信技术和其他技术的扩散为整个保险业的数据管理提供了支持。

表 8.1 　一般大数据分析指南

传统数据库	非关系型数据库	混合系统
数据主要是结构化的	数据主要是非结构化的	需要利用结构化和非结构化数据
在多数任务中快速分析是至关重要的	多数任务都不需要快速分析	

使用大数据分析有一定的风险。首先是存在客户隐私问题，很多数据收集是基于隐蔽的入侵工具进行的。其次是存在市场集中度过高和歧视客户的风险。少数拥有技术和资金的公司可以通过大量投资进行大数据分析技术开发来达到这一目的。此外，被保险人的信息和新的处理技术可以成为新进入者的壁垒。已经在市场上运营的公司将从这样的壁垒中获益；而那些在收集和使用数据方面缺乏竞争力的公司则会受损。这一现象导致的后果之一是，企业难以使用这些技术进行充分的广告宣传，建立与客户的直接联系。如果没有强制性的政策，公司可能利用大数据优势来选择最好的客户，而忽视了那些不太有吸引力的客户。

物联网

"到 2025 年，物联网将无处不在，联网的东西将驱动一场数据爆炸，传感器被嵌在汽车、建筑物和可穿戴设备上，这样一来，一个四口之家就能拥有 100 多个联网设备。"

保险公司目前正经历着环境的重大转变。这涉及环境本身的性质（监管、新进入者和边界）、风险的性质，以及最终客户的需求。商业组织必须适应新的规则，这些规则现在是金融服务行业的一部分。

最重要的变化之一是客户性质的改变。特别是，物联网技术是一种新的商业模式，消费者现在已经成为了始终连接在一起的消费者，不断地互相交换信息，并要求越来越多的数字尖端产品和服务。

保险公司可以从以下几个方面受益。

- 价值主张的创新。
  - 新的收入来源。
  - 新的客户服务。
- 改善盈利状况。
  - 更好的风险管理。
  - 更低风险的行为（例如，车辆驾驶）。
  - 更好的欺诈检测。
- 预防解决方案的创新。
  - 避免损失的新方法（例如，警报）。
  - 更先进的监测（例如，健康）。

保险科技组织应制定"改进和扩大"的具体方案。传感器和设备产生的数据全面扩散可以支持更有效的决策过程，简化程序和操作。

以下是相关领域的挑战：

- 价值和影响；
- 过程和政策；
- 服务；
- 应用；
- 基础设施；
- 传感器和设备。

建议的方法如下。

- 改进：提高当前业务的质量水平。例如，车联网，远程信息技术使基于用量的保险（Usage-Based Insurance，UBI）成为可能，这样的产品肯定会改变客户对汽车保险的看法。改进意味着对这些未来应用广泛的所有技术和特性的适应。
- 扩张：提出新的价值主张，这是之前解释过的最有效的方法之一。保险公司应能识别客户新的行为和需求，提供定制化的新型产品和服务。

在这种情况下，重要的是要理解物联网如何改变大量数据的收集、分析和分发，使它们转换为可支持活动和业务决策的信息。当然，这一切都应符合现行立法规定的规则和当局关于个人信息保护的意见。

保险公司面临的一些机会如下。

- 定价模型将越来越定制化，不再仅仅基于精算评估（向后看），而是基于行为预测（向前看）。这样，其就有可能从静态定价转向基于客户风险情况变动的频繁动态定价。此外，保险公司还可以将工作焦点从定价模型转移到客户服务模型上。
- 分销模型的定制化。这不仅可以提供定制化的服务，推动风险的预防，而且可以通过更精确的动态赔付流程，减少欺诈和法律纠纷，提高赔付管理水平。由于万物互联，一切都将可追溯，针对个人的数据分析也成为可能。简言之，保险公司可以将黑匣子应用到汽车保险上（例如，如果他／她同意将其安装到车辆上，则可以少交保费），也可以用于其他物品甚至人的保险上。

对保险公司来说，更多地采用定制化费率，将产生的后果是：

- 提高构造收费模型的初始成本；
- 冲击现行的投资组合；
- 互助原则的缺失可能导致对保险本质的扭曲。

特别有趣的是，保险公司可能改变其服务模式，如提供新型服务，以提高保险方案的吸引力；在发生车辆事故或盗窃的情况下，提供及时的干预措施、提供替代车辆，以及将信息自动发送到默认的号码或电子邮件地址等。安装在汽车上的黑匣子可以复盘已发生的事故，同时通过交叉数据分析深度解析动态过程，也可以分析社交网络和其他与之相连的数据洞察欺诈行为。

类似的方法可以用于家庭自动化（所谓的"domotics"），或使家庭、办公室、商店、工厂的车间成为技术支持的场所。保险公司可以通过插入智能传感器，为客户已经购买的保险提供警报或识别。这样的保险相当于提供了一个监控系统，其与安全系统的传感器相连进行连续风险管理，可以实时检测火灾、漏水、入侵企图和断电等情况。

同样，通过实时检测意外情况或其他生命体征，我们可以向老年人或其他需要家庭护理的人群提供相同的服务。

社交媒体

关于合作，安永公司建议保险公司可以通过分享资源和专业知识帮助分销合作伙伴发展数字能力。

保险科技企业应该在每一个方面都将以客户为中心放在首位。所有与客户的接触都应该被管理、整合，并且保持一致。代理商和中介机构需提供所有必要的分析、工具和服务，以使客户体验独一无二，从而提高销售额。

所有这些行为都应该贯彻到被麦肯锡（2016）称为"客户共情"的组织中：

"真正的共情让设计师能够回应真实的潜在需求，而不是肤浅的、表面的兴趣。通过这样做，它激发了突破性的创新。事实上，我们认为，这是确保传统保险公司能够提供异质化客户体验的唯一途径。"

保险科技企业已经很好地认识到了社交媒体对自身业务的价值。不幸的是，传统组织还没有形成充分的意识。后者仍然在传统的客户参与解决方案中投入大量的资源。

因此，认识到社交媒体对生态系统中所有组织类型的价值和整体利益，是一个基础环节。

社交网络正变得越来越重要，成为连接人们的一种方式。在某些情况下（如私人通信），通过社交网络发送的信息数量甚至超过了传统的电子邮件。保险营销和销售可以从社交网络的渠道中获得巨大的利益。在所有渠道（全渠道）中保持一致并进行整合是非常重要的。

保险科技企业从社交媒体获得的好处如下（见图 8.6）：

- 洞察客户；
- 更有效地传播服务理念、新闻和动态；

- 更有效地提高年轻一代的参与度；
- 实施更有效的客户教育；
- 实现低成本。

本书的建议是，保险科技企业可以在所有主要的社交媒体网站上建立不同的档案，定期监控，及时回应不满意客户的品牌损害行为。在企业生命周期的第一个阶段，游击战术也是有用的。因此，相关公司可以考虑邮寄宣传品，以传播自己想要灌输给客户的品牌形象。

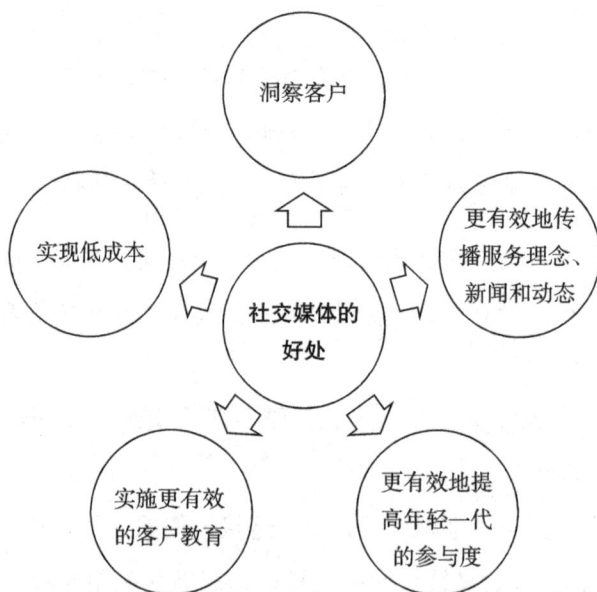

图 8.6 社交媒体的好处

通过社交媒体进行营销活动，如果计划和实施得好，可能会非常有效，尤其是当不满意或未触达的客户对创新和潜在的颠覆性产品和服务知之甚少时。

Amodo

"电信运营商正在向客户提供越来越多的连接，以及和物联网相关的产品和服务，如'联网住宅'和其他解决方案。如果和我们进行合作，他们也能拓展到保险服务领域，而对我们来说，这是一个必要的分销渠道。"——Marijan Mumd ziev，Amodo 首席执行官

Amodo 是一家克罗地亚的初创企业，在美国和另外一些国家也很活跃。通过 Amodo 的客户连接平台，保险公司可以提供更符合新生代需求和生活方式的产品和服务。Amodo 从智能手机和各种不同的消费者连接设备中收集数据，建立全面的客户档案，为客户的风险敞口和产品需求提供更好的分析。

基于分析和风险防范程序，可以向客户提供个性化定价和个性化实时保险产品，这将提高客户的忠诚度和终身价值。在整个过程中，保险公司可以主动吸引客户，使其获得持续的、积极的体验。

机器人

机器人和人工智能在保险业中尤其重要。机器人顾问可以为特定的客户推荐最好的产品。智能流程自动化可以帮助保险公司进行一些需要体力和逻辑操作相结合的活动。

智能投顾为保险公司带来的利益是，在不影响代理商专注于保险销售的同时，提供财富管理方面的扩充性服务。

Ladenburg

"通过使用 $ymbil，我们正在帮助投资顾问满足日益增长的对财富管理服务的需求，这些服务利用了自动化和人类智力的组合效益。"——Adam Malamed，Ladenburg 首席运营官（COO）

Ladenburg Thalmann 金融服务有限公司是一家在佛罗里达州迈阿密市成立的综合性金融服务上市公司。该公司推出了一个自我服务的投资平台$ymbil^{SM}，该平台连接 Ladenburg 旗下的客户和与他们风险承受力相匹配的多元化投资组合。$ymbil^{SM} 允许客户为他们的账户充值，充值后几分钟内就可开始投资，最低投资额为 500 美元。$ymbil^{SM} 使用专用评分方法来推荐多风险类别的投资组合。这些投资组合拥有全球性的多样化资产配置和充分挖掘市场环境及独特投资机会的战术决策。

区块链

保险行业的所有领域都可以应用区块链技术。图 8.7 展示了保险业务的典型流程。区块链在整个循环过程中都很有用。

在订阅新产品时，可以使用区块链来验证客户的身份或降低欺诈风险。

| 研究 | 发起 | 承销 | 执行 | 索赔 | 续签 |

图 8.7 **保险业务的典型流程**

Tradle

"每家银行都可以访问这个网络，并减少今天所做的 KYC 检查的数量。在网络诞生之前，一家银行内部就有产品间的、部门间的、地理位置间的，以及子公司间的 KYC 检查。这些 KYC 检查没有进行共享，因而成本非常高昂。"——Gene Vayngrib，Tradle 创始人

银行的保险销售业务可以引入区块链技术，这就是金融科技企业 Tradle 所做的工作。这家美国初创企业支持储存个人信息，对潜在的黑客和网络攻击

具有很强的恢复能力。通过允许分享客户数据，合作金融机构可以提供非常快速和精简的、不再询问已有信息的产品订阅流程。区块链可以保证文件的交换和通信。

SafeShare

"分享经济的保险需要具备灵活性，并能满足客户的需求。我们的分布式账本方法，由 Z / Yen 集团开发，它提供了近乎在实时情况下协调各方产品配置的机会，并极大地降低了这种协调的成本。"——Alex Steinart，SafeShare Global 联合创始人

SafeShare 是一家英国公司，提供先进的核保服务。它使用区块链技术来确认相关方的责任。区块链技术可以以合理的价格为客户提供灵活的、具有响应性的产品。

区块链在合同自动化上的应用，可以降低调解和差错的管理成本。由区块链提供的智能合同可以为客户和保险公司提供透明、可响应及确凿的索赔流程管理。这一过程具有以下特点。

- 期权合同和各方相关权利被写进区块链的代码。涉及的个人是匿名的，但合同是记录在公共账簿上的。
- 一旦有触发事件发生，如合同到期或达到上限值，合同将按照编码条款自动执行，并由网络验证，确保只支付有效的索赔费用。
- 监管机构可以利用区块链技术来了解市场活动，同时维护个体行为者的隐私。

区块链甚至可以用来自动发现索赔事件。例如，Everledger 使用区块链

创建了一个分布式账簿，记录钻石等昂贵珠宝的详细信息。该分类账簿允许保险公司（以及潜在购买者）检查任何一款珠宝的历史信息，包括先前的索赔事件。通过这种方式，它可以帮助保险公司预防、发现和打击欺诈行为。

可以将区块链和连接的设备，如汽车黑匣子、可穿戴设备或安装在室内传感器中的设备一起使用来检测异常情况，发出警报。最终，区块链也将被应用到投诉、预投诉或自动化问题的处理工作流程中。

区块链技术的另一个可能应用是"个体对个体（P2P）"保险。这是一种一群人通过分享保费来相互保证的商业模式，这和"朋友保险（Friendsurance）"做法相似。保险公司的部分保费用于支付大额索赔，其余部分仍存在一个互惠基金中，用以覆盖小额索赔。每个参与者签署一个向互惠基金提供资金的承诺文件。区块链将以安全的方式存储相关信息。奖励不是立即支付，而是"保留"在区块链中。每个人的奖励仅在索赔时才被支付。

在关于区块链潜在用途的实验方面，保险公司落后于银行。不过，也有例外。劳埃德（Lloyds）保险集团正在考虑重新设计使用区块链技术的运营模式。虽然新技术的生命周期越来越短，但这种技术对保险的真正影响需要数年才能显现出来。前文引用的报告指出了另一个趋势：一些保险公司如英杰华（Aviva）、安联（Allianz）和大都会人寿（MetLife）正和金融科技企业及其他科技企业一起，在创新实验室里尝试各种努力，期望客户在线上及在移动平台上以更有意义的方式参与进来，同时提高对产品的把控能力，完善赔付流程。

云计算

云计算是基于互联网的相关服务的增加、使用和交付模式，通常涉及通过互联网来提供动态易扩展且经常是虚拟化的资源。云计算将公司从固定位置的数据中心中解放出来，因此，它很好地结合了以前根植于互联网的技术。例如，再保险业务因云计算的使用而更加容易开展。

Nationwide

在过去的 80 年里，Nationwide 从一个小型投保人设立的互助汽车保险公司发展成为了美国最大的保险和金融服务公司之一，拥有 3.8 万名员工。总部位于俄亥俄州哥伦布市的这家财富 500 强公司是公共部门退休计划的第一大提供者，也是美国第七大汽车保险公司。Nationwide 的 3000 个分布式服务器效率低下且成本高昂，为了提高业务灵活性和防止组织成本继续增加，Nationwide 开始了虚拟化之旅，最终产生了"云"。它们将分布式服务器整合到在大型机上运行的 Linux 虚拟服务器上，为其所有不同的工作负载创建了一个多平台私有云。这种云部署减少了 80% 的电力、冷却和地面空间需求，在分布式服务器方面节省了开支，仅在开始实行的前三年就节省了约 1500 万美元。

九、数字批发保险

数字革命正向全世界蔓延，保险业也不例外，一些最近的研究致力于创建和描述一种数字保险模式。数字保险正沿着所谓的 ICT 消费化的道路行进。过去，企业总是首先使用 ICT 创新，而现在，消费者首先使用 ICT 创新的情况日益增多，例如，对智能手机和平板电脑等硬件产品的使用。金融服务领域也出现了类似的情况，比如银行业，手机银行最初主要是在零售银行业务中引入的。直到现在，企业和中小企业才开始使用这样的解决方案。

现在是考虑利用金融科技创新开展数字批发保险服务的时候了，我们需要重新思考具体的办法和方式。一些初创企业已经在朝着这个方向努力了，其跟随者也会日益增多。批发保险服务商本质上是这样的运营者：或者提供覆盖承保人风险偏好以外风险的保险产品，或者提供专业能力。

为了分析数字保险是如何支持这一领域的，我们可以从吉卜林的作品《小象》中引用一段话。吉卜林认为，如果能够回答六个问题——五个 W 开头的问题和一个 H 开头的问题，那么就可以完整地描述一件事情。对于数字批发保险，这六个问题如下。

- 为什么（Why）：批发保险公司数字化的原因是为了防御，创业企业可能会入侵它们的市场，并引入颠覆性的创新。事实上，数字化也可以帮助批发保险公司变得更高效、更经济。

- 在哪里（Where）：得益于云计算，企业在全球化过程中可以很容易地扩展至集中的市场，这会加剧竞争，但也会增加市场的规模。

- 是什么（What）：大数据分析有助于风险分析。它可以应用于资本市场、证券交易、客户观察、渠道营销，也可以为风险定价和跟踪提供新的数据集。

- 是谁（Who）：一方面，人工智能和机器人技术可以帮助批发保险公司选择最好的替代品。目前在金融服务中较为流行的社交媒体，似乎不适合批发类保险。另一方面，比较类网站可以帮助客户选择全球最合适的保险公司。一些类似的"集市"也可以帮助特定客户在批发保险市场中找到最佳解决方案。

- 何时（When）：移动技术有助于缩短决策时间，尤其当企业想要做出决策时。

- 如何（How）：与新技术相关的另一个机会是区块链，它可能将以激进的方式改变批发保险业的环境。区块链是一种在线的分布式账本技术，企业利用这项技术可以设定基于分布式账本解决方案的智能合同。它可以帮助管理客户身份、参考数据和资产，能够以安全的方式增加可视性，为保险市场提供无缝、可靠和不间断的信息服务。它还可以作为一种低成本的方法来帮助合作伙伴之间进行数据获取和交换，也是一种能够提高保险市场竞争性的可靠公用事业服务。普华永道公司正在开展一项长期的金融研究项目，研究区块链技术在批发保险领域的前景。

金融科技企业不仅能提供一种改善批发保险业务流程的方法，还能够支持新产品的引进和改善。网络风险保险就是一个例子。网络风险保险涵盖与 ICT 和网络系统的信息损坏及丢失相关的风险。网络风险产品通常包括对事故本身的协助和管理，在面临声誉损害或监管执法时，这是非常必要的。英国政府的一项调查估计，在 2014 年，81% 的大公司和 60% 的小公司遭受了网络攻击。大型企业网络安全漏洞的平均成本是 60 万 ~ 115 万英镑，中小企业是 6.5 万 ~ 11.5 万英镑。

新的金融科技生态需要新的商业模式。在保险行业，这些模式可以促进批发保险公司与经纪商之间更紧密的协作与合作。后者通常规模较小，缺乏必要的知识，很难进行数字技术方面的投资，所以在这种合作中获益更多。

十、结论

这一章分析了保险科技——金融科技的保险行业分支。这个领域也在积极地利用新型科技推动保险业务的发展。

在过去的十年里，技术促进了每一个部门的变革和创新，带来了令人兴奋的应用和前沿的商业模式。大量的因素在颠覆保险业，其中最重要的颠覆力量是正在进行的客户授权。企业不应该固守一个位置，而应该向前看，努力洞察竞争对手的动向，虽然这并不像看上去那么容易。保险公司应该理解客户改变的原因及利用的方法，并达到如下目的：

- 寻找更有效的方法；
- 增强交互；
- 建立信任关系。

保险业尚未出现一种内在一致的颠覆方法。管理者们是时候思考并将创新置于战略核心之中了。他们需要决定如何而不是是否加入保险科技生态系统中。为了拥抱保险科技，传统企业可采取以下措施。

- 开拓：消息灵通的传统企业正在积极跟踪新的趋势和创新，有些已经在创新热点地区（如硅谷）占据了一席之地，在那里它们可以直接、迅速地学习最新的技术发展。
- 战略伙伴关系：一些传统企业与初创企业合作，在市场上测试解决方案；确保提供一个设计环境（"沙箱"）以激发和提高创造力，并为潜在的原始解决方案设计提供工具和资源。
- 参与保险科技：传统保险公司通过参与提供融资的孵化器、加速器等创业项目，或者进行战略收购，可以较容易地解决一些特殊问题，特别是面对短期内无法解决的难题时。
- 新产品开发：参与保险科技创新，传统保险公司可以发现只有新型保险产品和服务才能满足的、新出现的需求和风险。

虽然保险业的转型缓慢，但保险公司越来越需要围绕大数据分析、可穿戴设备、物联网、区块链和其他解决方案开发 POC 创新计划，这是一种进行市场营销和吸引年轻消费者的有效手段。

人们预期，未来几年保险科技方面的投资将大大超过银行和资本市场的投资，其中很大一部分将是监管驱动的。

The Future of FinTech
Integrating Finance and Technology in Financial Services

第九章

一个真实案例

一、引言

本章通过一个真实案例对书中所提及的商业模型进行分析。Robotica
是一家活跃在先进技术领域的意大利 B2B 公司，向金融服务机构提供软件
解决方案，运营在金融科技价值链的顶端。

本书多次重申金融科技创新涵盖的企业不仅包括初创企业，也包括那
些已经度过了进入期和突破最初的重重障碍并且最终达到了具有竞争力或
成熟阶段的传统机构与企业。本章涉及的这家企业已经在其生命周期的第
一阶段获得了竞争力。Robotica 早期的战略相对保守，并不把追求增长作
为主要目标，而是更倾向于寻求专业化以及不断增长的利润率。

二、Robotica

Robotica 诞生于具有丰富工作经验以及高度专业知识的职业经理人、
技术人员和高级网页设计师举行的会议中。通过让训练有素的顾问及物
流与商业领域的专家为客户提供服务，该公司的目标客户涵盖从大型跨
国公司到密切关注并积极与市场新规同步的各个经济领域的中小企业。

该公司的主营业务是创造并且向客户提供以下服务：

- 在线管理应用；
- 网站设计；

- 成本最优化的咨询以及技术支持，旨在实现客户和 Robotica 的双赢。

这种模式在其涉及的任何领域中都是最优的选择。

三、商业模式画布

本部分介绍关于 Robotica 商业模式的更多细节。

价值主张

Robotica 多年来一直十分重视发展创造性及前瞻性，特别是在价值主张方面。它一直为市场提供多种具有创新性的产品和服务，为客户创造价值。具体的产品与服务如下：

- 管理软件；
- 神经科技和虚拟机器人；
- 风控产品；
- 算法；
- 会计软件解决方案。

无论是开展大型项目还是小型项目，传统组织通常都需要管理软件解决方案。Robotica 也为人力资源管理开发软件，提供与 POS 编程和管理相关的解决方案，并且支持风险管理。

关于虚拟机器人，最有趣的事情是它们被广泛用于股票市场。在美国，自动交易系统管理着大约 60% 的市场交易量，并且这一比例还在增加。

Robotica 的商业模式画布如图 9.1 所示。

伙伴关系和合作	流程和活动	产品和服务	客户体验	市场
• 传统金融机构 • 咨询公司	• 研究开发 • 软件开发	• 软件管理 • 虚拟机器人 • 风险控制 • 算法 • 会计软件	• 24 小时服务 • 国际范围 • 定制 • 灵活	• **客户** • **竞争者** • **监管者** • 金融机构 • 保险公司
	资源和系统 • 研发团队 • 合伙关系 • 市场定位 • Java 框架		**渠道** • 口碑 • 网络 （正在建设中）	• 通信公司 • 跨国公司 • 中小企业 • 来自大型系统集成 商的竞争
成本和投资 • 平台 / 软件 / 算法开发与维护 • 客户获取成本 • 轻资产		**收入来源** • 传统定价 • 成交费用		

图 9.1   Robotica 的商业模式画布

通过这一数字，企业应反思技术对金融服务行业的影响，研究新的开展业务的方法。Robotica 从一开始就迎着"科技机遇"带来的浪潮销售算法和管理系统，充分利用这些解决方案带来的重要价值。Robotica 的总经理 Daniele Monteleone 称 Robotica 的虚拟机器人带来的价值是任何一个公司都不可忽视的。

- 创造性：即便机器人没有创造性，Robotica 也开发了机器学习算法，这种算法甚至可以使得机器人从其他操作员的结果中进行有效的学习。

- 无情感涉入：由于使用神经技术，算法在决策过程中不会被情绪所影响。事实上，情绪被认为是决策的主要影响因素之一。

- 时间覆盖：一种算法可以被编程用以支持不同股票市场的决策，

在任何时区的任何时间执行操作。

- 地理覆盖：算法可以被编程用以支持地理上分散的股票市场决策，在任何国家执行操作。

- 更低的成本：除了最初的投资外，管理和运行软件的成本明显低于咨询同等专家所需的成本。

Robotica 通过提供解决方案为客户提供了真正的价值。

Robotica 积极参与风险管理产品的开发，这些产品旨在为客户提供一种工具，使他们能够通过模拟会议，评估和管理不同类型的风险。

与大部分解决方案一样，在其风险管理产品中，Robotica 也采用了"引导—推动"（pull-push）方式。一家大型制药公司要求 Robotica 为其内部保险部门开发管理保险条款（也来自第三方）的软件。该公司要求 Robotica 开发一个风险管理平台，该平台能够检测出可能的投资频率和获利能力，据此来识别公司的风险指数。在成功地交付解决方案时，Robotica 实际上已经改变了方法，通过必要的调整和改进将一个通用的解决方案推向了市场。

Robotica 计划随着时间的推移将该项业务延伸至其他细分市场。一些公司需要计算、验证财务计划，甚至需要针对构成这些计划的文件提供专家报告。Robotica 提供的审计软件能够检测出所有可能的异常。例如，如果一家公司想核实一家银行的贷款是否已经超过了高利贷的门槛，Robotica 的产品就可以帮助它。

Robotica 的解决方案对于客户来说是价值巨大的。举例来说，Robotica 提供的风险管理解决方案已经使得许多公司节省了 30% ~ 35% 的保险支出。

客户体验

Robotica 是一家为企业提供高端建议的 B2B 公司。其商业模式是以客户为中心的，旨在为客户创造价值。提升 B2B 的客户体验并不容易，无法使用通常用于提高消费者感知价值的各种工具，因为它们对于企业客户往往无效或不适用。例如，通过设计整个生态价值构成来扩张生态范围，以及通过实体或网上店铺有效传达品牌形象等做法，可能并不是 Robotica 会选择的方式。

Robotica 只有为数不多的工具可以用来提高企业客户的感知价值（见表 9.1）。Robotica 非常重视能够对客户体验产生重大影响的关键要素。它特别强调这样一个事实，客户是一个技术合作伙伴，要通过支持客户的整个变化过程，与客户一同成长。

表 9.1　Robotica 为其客户提供的有形价值及感知价值

有形价值	感知价值
投资成本	线上网站
节约的成交费用	软件设计
其他费用的节约	技术创新

Robotica 的产品已被证明能够满足许多方面的需求，能在许多方面为客户创造价值，特别是在投资成本、软件设计及技术创新程度方面。

渠道

Robotica 有以下几个主要目标市场：

- 公用事业市场；
- 金融服务市场；

- 卫生保健市场。

Robotica 似乎没有有效地利用数字渠道，其不通过扩大客户基础来追求增长的战略选择正是出于这个原因。此外，开展更多的项目意味着占用更多的资源，这些年来，为了经济的稳定性它在"可持续增长"方面付出了代价。此外，超额资源的重新配置让管理层感到恐慌。事实上，增长并不总是正确的选择。

Robotica 最近已经决定更新其网站，以适应其创新工作的方式来设计其网站。这个决定考虑到了改善品牌形象在其客户眼中的重要性。

流程和活动

本书指出，打造商业模式的主要方式之一是更多地关注市场。在金融科技创新中，企业不应该利用传统的活动或渠道来进行营销，如广播和电视。这些策略可能对 B2C 公司更加有效，B2B 公司需要其他形式的活动和策略来推广产品和服务。

Robotica 的管理一直强调可持续增长的概念，即在没有经济投入的情况下实现增长。这也是它不进行大力的市场推广的主要原因。虽然 Robotica 过去曾经进行过一些传统的营销活动，但它并不十分依赖于此，它的发展主要来源于市场口碑以及其他公关技术。

资源和系统

Robotica 的主要优势之一是它的研究与开发团队，他们负责在特定领域创造专业知识、新的算法以及软件解决方案，包括：

- 神经技术和机器人；
- 建筑自动化；

- 物联网；

- 3D 打印。

此外，Robotica 的研发团队还与许多重要的组织合作，如美国国家航空航天局（NASA）、欧洲太空总署（ESA）以及意大利普通工业联盟，旨在不断审视与更新公司的产品与服务。

Robotica 的一个重要业务是开发软件解决方案和算法。Robotica 通常会灵活地分配资源，当一个项目完成后，可利用的资源便被重新分配到其他客户的项目或者研发团队中。

伙伴关系和合作

Robotica 在价值链顶端的地位意味着其会丧失某种形式的垂直合作机会。不过，对这家公司来说这并不是问题，因为它能够利用技术，与客户和咨询公司建立起相互信任的关系。

Robotica 的商业模型专注于与客户的合作，这通常非常重要，尤其在金融科技企业生命周期的早期阶段。传统金融机构以不同的方式应对创新的挑战，一些金融机构变成了风险投资者，另一些则成立了创新实验室，为了缩小技术差距，它们积极地参与企业孵化器和加速器项目。因此，它们也采用不同的方案来简化流程，进行数字化转型。正是在这个框架下 Robotica 设法获取了竞争优势。

在企业生命周期的开始阶段，金融科技初创企业需要获得资金和资源，而金融机构则需要获得创新知识以缩小技术差距。成熟的组织通常会以其他形式建立起这种合作，例如，Robotica 作为金融科技企业，通过直接或间接与其他金融机构合作来完成任务。

实际上，这些年来 Robotica 致力于与作为客户的金融机构建立相互信任的关系，这些客户直接将项目交给 Robotica，并且与它成为技术合作伙伴。例如，一个当地银行，将一个项目的 POS 编程与管理交给了 Robotica。

Robotica 与客户的间接关系是一个有趣的方面。出于很多原因，客户会将大项目分配给大型供应商，而不是小型供应商。大型供应商将工作转包或外包给它们的部分合作伙伴。大型供应商通常直接提供完成项目所需资源的 50%，而将剩下的部分分配给更小、更灵活的公司，如 Robotica。大型供应商会认真评估合作伙伴，Robotica 所提供的扎实的专业经验和丰富工具，是它们彼此进行合作以及建立合作伙伴关系的基础。

收入来源

这里我们要关注的是 Robotica 如何盈利，尤其要关注其产品和服务的收入结构。

Robotica 的收入主要来源于三个方面：

- 技术咨询；
- 软件牌照；
- 客户收入的提成。

前两个收入来源符合行业惯例，第三个收入来源则非常罕见。Robotica 向中小企业或个人交易商提供投资组合管理的解决方案，但并不直接收取费用，而是根据客户获得的收入进行提成。消费者基于使用产生的收入进行付费。许多股票经纪商采用 Robotica 虚拟机器人来实现提成收费。这一模式成立的前提是双方对解决方案有乐观预期，供应商与客户之间建立起真实的合作关系。

在意大利，Robotica 的主要竞争者是系统集成公司 Engineering，当然，其他小公司未来也可能对其构成威胁。

成市和投资

在成本投入特别是投资方面，Robotica 非常精简，其"总部"和主要办公室位于罗马的一个面积不大的公寓内。在这个办公室里，会议室占据了大部分空间，以便相关人员能够会见客户、展示产品与服务，或者进行内部的团队合作。

Robotica 将主要的服务器外包，只将备份服务器放置在办公区，以确保出现网络问题时，业务也能照常进行。

Robotica 还尽可能使用 PC 上的开源软件以及基于 Linux 运行的服务器。

四、结论

本章通过运用第三章的模型分析了 Robotica——一家活跃在金融科技 B2B 领域的意大利初创企业。

它向金融服务类企业或它们的客户提供商业解决方案，特别是算法和软件产品。

将本书提出的模型与实际公司进行对应分析的整个过程已经证实了本模型的有效性。

The Future of FinTech

Integrating Finance and Technology in Financial Services

第十章

未来: 打造金融服务平台

一、导引

在讨论战略和未来时，重要的是关注金融服务行业可能发生的颠覆，而不是现在谁是颠覆者。培养一种关注颠覆背后更深层次力量的视野是有意义的。对于这些力量的理解，再加上扎实的分析，可以解释哪一家企业可以及为什么可以颠覆一个行业。本章不仅分析了金融业转型和颠覆的始作俑者，而且讨论了这些转型和颠覆的本质。

这种分析视角有助于揭示数字化转型与颠覆的两个主要方式：

- 在供给与需求变化较小的情况下，创造新的模式；
- 大型平台的出现和演变。

这些机会和威胁并不是相互排斥的，新进入者、颠覆性攻击者、具有侵略性的在位者通常都会利用这些机会。可进行颠覆性变革的特征包括：

- 冗余的价值链活动，如大量的切换或重复的人工操作；
- 过多的实体分销或零售网络；
- 高于其他行业的整体利润率。

高利润率会吸引新的参与者进入，冗余的价值链为移除中间商和直接面向客户创造了条件。数字渠道和虚拟化服务可以替代或重塑实体和零售网络，这正是金融服务目前的情况。

本章介绍了关于未来金融科技的一些假想。在此之前，本章定义了金融企业的服务观念。在战略规划层面，一个企业有必要定义自己的服务观念，因为这可以强化其对新型服务设计决策的驱动。首先，本章内容指出，金融领域的服务观念是将金融服务机构视为一个平台。其次，本章描述了在服务设计规划过程中，服务观念如何在操作层面发挥作用。特别地，在将服务策略整合到服务提供系统的过程中，以及在确定和评估服务设计的绩效时，服务观念也是有用的。最后，作为服务设计的一个组成部分，补救措施也显示了将服务观念应用于设计和增强服务交互性的有效性。

二、平台的概念

一些人认为金融机构提供的传统金融服务的重要性在逐步降低，这确实是正确的。银行的重要性可能会下降但银行业务却不会。银行业是资金提供者与资金使用者之间的通道，这也同样适用于金融的其他领域，如保险公司的重要性可能会下降但保险服务却不会。

为了进一步分析这个论断，将金融机构视为平台而非服务的提供者是重要的。平台可以促进外部生产者和消费者进行价值创造的互动行为。更进一步，我们还可以将平台概念具体化为不断发展的组织，它们可以：

- 联合并协调进行创新和竞争的机构；
- 通过创造和利用供给方与需求方的规模经济产生价值；
- 使由核心和外围组成的模块化技术解决方案成为必需方案。

平台为这些交互行为提供一个开放的、可参与的基础设施，并为它们设定了治理环境。创建平台的主要目的是创造和运行参与者之间交互的界面。通过这种方式，平台使产品、服务或者社会关系的交换更加方便，为所有参与者创造价值。平台在信息的交换方面特别有效，正如金融世界里正在发生的那样。

平台为市场提供基础设施和规则，将生产者和消费者聚集在一起。平台生态系统的参与者有四个主要角色，但随着时间的推移某个参与者可能会从一个角色迅速转变为另一个角色。理解生态系统的内外关系对于确定平台战略至关重要，而更重要的是理解平台获得成功的关键要素。

平台生态系统的参与者包括以下几方（见图 10.1）。

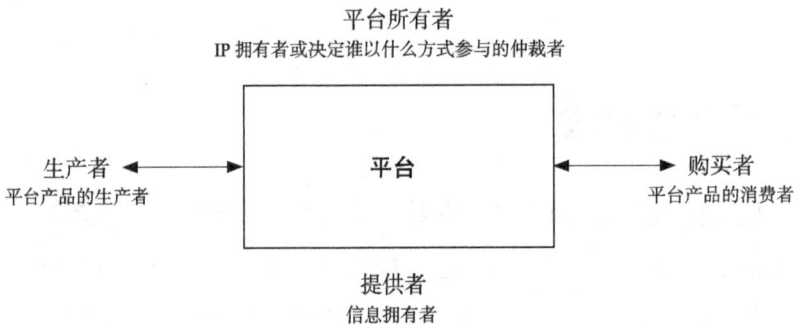

图 10.1　平台生态的参与者

- 所有者是平台产权的控制者，也是一个仲裁者，可以决定谁以何种方式参与。所有者从事平台创新工作，既可以修改商业模式，也可以聚合其他商业模式。
- 提供者提供平台的基础设施，维护平台的运营。
- 生产者是平台产品的供给方。
- 购买者或消费者是平台产品的买家或用户。

平台的运行并非易事，它需要数字技术的支撑，要打破时间和空间的障碍：

- 它们采用先进的解决方案，比以往任何时候都更加精确、快速、方便地连接生产者和消费者；

- 一个平台可以带来的发展结果在几年前是不可想象的。

生产者和消费者借助平台进行价值交换和信息反馈。尽管有各种形式，但平台都有一个结构基本相同的生态系统，其中包括四类参与者。

一个金融机构就是一个平台。以银行为例：

- 所有者是银行组织；
- （传统）提供者是分支机构，或者通常称为渠道；
- 生产者是存款者；
- 消费者是使用存款的人。

平台企业将生产者和消费者聚集在高价值的交换中，它们的主要资产是信息与交互渠道，苹果公司推出的 iPhone 及其操作系统不仅仅是一种产品，还是一种服务的通道。苹果公司把它们想象成一种连接市场参与者的方式，一方是应用程序开发者，另一方是应用程序用户，这一通道对两个团体都产生了价值（当然也为提供者和所有者创造价值）。随着双方参与人数的增加，这个价值也在增加，这就是网络效应。

在金融科技创新中，一个典型的平台形态就是市场借贷。信贷是银行业的根本特权，但在过去的几年里，越来越多的金融科技创业企业已经把触角伸向了这个领域。目前，金融机构通常有三种方式从事市场借贷：

- 构建一个内部专有平台；
- 与市场贷款方形成合作伙伴关系；
- 向一个市场贷方平台颁发许可证。

构建内部平台通常是昂贵和耗时的，这种方式需要提供背书，对客户体验负责。建立合作伙伴关系，即金融机构将潜在的借款人名单发送到贷款人网站，购买由此产生的贷款或收取转介费用。这种方式可以创造收入并迅速填补产品空白，但也伴随着背书的风险和用户体验方面的责任。平台许可的办法则可以使金融机构利用即插即用的技术，并适用于非传统信贷的条款。当然，这一方式也不是免费的，需要在整合方面进行投入。

三、从银行到金融科技

了解一个成功平台的战略步骤是很重要的。平台已经存在很多年，金融机构和保险公司连接了资金提供者与需求者。ICT 使平台的建立和扩张更加简单和便宜，它使参与毫无阻碍，这加强了网络效应。同时，ICT 提高了平台捕获、分析以及交换大量信息的能力，这增加了平台对于每个人的价值。平台型企业在许多领域都以令人难以置信的方式发展着，如 Uber、阿里巴巴、Airbnb。

为了理解平台的兴起如何改变竞争，研究平台服务与几个世纪以来统治着这个行业的传统金融服务的不同之处是有意义的。传统的金融服务通过控制一系列线性的活动创造价值。传统的价值链模式本质上是一个通道，企业在链条的一端输入，然后经历一系列的步骤，这些步骤将输入转变为更具价值的输出，也就是成型的产品。苹果的手机业务本质上是一个通道，将它与苹果应用商店（连接应用程序开发者和 iPhone 的使用者）连接起来，如此就形成了一个平台。

公司无需只是一个通道或一个平台，它可以两者兼具。尽管许多通道业务竞争激烈，但当平台进入相同的市场时，从长期来看其通常会取得胜利。

从传统金融机构转向金融平台涉及三个方面的关键转变。

● 从资源控制到资源整合。基于资源的竞争观点认为，公司通过控

制稀缺和有价值的资产来获得优势。在传统金融服务领域，它们
包括分支机构、资金等有形资产和品牌与知识产权等无形资产。
但在平台上，难以复制的资产是社区及其成员拥有和贡献的资源，
无论是资金、政策、想法还是信息。换言之，生产者和消费者的
网络是主要的资源。

- 从内部优化到外部交互。传统的金融企业通过优化从采购到销售
和服务的整个业务链，来组织内部人员和资源，创造更多价值。
而平台通过促进外部生产者和消费者之间的交互来创造价值。由
于这种外部特征，可变成本往往可以得到削减。从传统企业向平
台转变的重点是从控制流程变为吸引参与者进入平台。生态系统
的治理对平台的成功至关重要。

- 从关注客户价值到关注生态系统或价值分享。传统的金融企业致
力于最大化产品和服务的单个客户终身价值，而这些客户实际上
位于线性过程的开端或结尾。平台试图在一个循环的、交互的、
反馈驱动的过程中最大限度地扩大生态系统的总价值，有时甚至
需要免费提供一些服务。另外，生产者可以得到消费者做了什么
或用了什么的信息，消费者成为营销广告的受众。有时，这样做
有着比降低平台参与者成本更广泛的意义。

这三个转变表明，平台世界中的竞争更加复杂化和动态化。迈克
尔·波特所描述的竞争力（新进入者和替代产品或服务的威胁，客户和供
应商的讨价还价能力，以及竞争对手的能力）仍然适用。在平台上，这些
力量的行为方式有所不同，新的因素开始起作用。要管理它们，管理人员
必须密切关注平台上的互动行为、参与者的访问及新的绩效指标。

四、网络效应的力量

产业经济的引擎曾经是并且仍将是供给方的规模经济。高固定成本及低边际成本意味着企业比竞争对手拥有更高的销售量，拥有更低的平均营业成本。这允许它们降低价格，提升销量，然后进一步降低价格，从而产生形成垄断 [①] 的良性循环。

在供给侧经济中，金融机构通过控制资源、持续提高效率来抵御波特五力模型中任何一方力量的挑战，从而获得市场支配力。这个战略的目标是建立可持续的竞争优势，保护组织免受业务竞争和来自其他公司的渠道竞争。

平台应该激励用户和创新者使用平台并为平台做贡献，推动生态系统的扩张和网络效应的释放。强大的网络效应是平台价值驱动的一个重要因素，因为它会造成竞争平台之间"赢者通吃"的格局。有两种网络效应：

- 直接网络效应描述了更多用户加入生态系统时为平台用户增加的价值；
- 间接网络效应在平台引入新的应用程序时产生，它同样增加了用户加入平台的价值。

这两种类型的网络效应都会形成正向反馈。当生态系统有新用户或新的应用程序进入，生态系统的价值就会增加，而这又会吸引新的用户和开发人员。但是要注意，平台所有者对生态系统的良好治理是至关重要的，因为网络效应也会带来负面影响，破坏平台及其生态系统。

平台规模越大越能产生更多的价值，吸引更多的参与者，从而创造更

---

① 这就是通用电气公司杰克·韦尔奇（Jack Welch）的哲学：他把通用电气公司无法占据市场第一或第二位置的业务都砍掉了。

多的价值。这是一个良性的反馈循环，不好的一面是它也会产生垄断。网络效应的存在，让阿里巴巴占据了中国电子商务交易 75% 的市场份额；谷歌占据了移动操作系统 82% 的市场份额，移动搜索 94% 的市场份额。

波特五力模型没有包括网络效应及其价值创造。波特五力模型认为外部力量是"消耗性的"并且会从企业中吸收价值，因此主张对它们设置障碍。然而，在需求侧经济中，外部力量可以是具有增值效应的，换言之，它们可以增加平台的价值。供应商和客户的力量对于平台来说是资产，但在供给侧的世界中它们却是威胁。了解外部力量何时会增加或夺取生态系统中的价值是平台战略的核心。

Cofunds

"收购 Cofunds 是进一步执行我们的英国战略（UK strategy）的绝佳机会。作为快速增长的英国市场的平台供给者之一，Cofunds 能够给我们创造巨大的价值。令我感到自豪的是，在英国我们正在帮助超过 300 万的客户获得终生的金融安全。"——Alex Wynaendts, Aegon CEO

Aegon 收购 Cofunds 的案例显示了平台金融服务的重要性和价值。Legal&General 以 1.4 亿英镑的价格将英国主要的提供咨询服务的投资平台 Cofunds 出售给了 Aegon，在处置过程中英国保险公司亏损了约 6500 万英镑。荷兰保险公司 Aegon 得到了 Cofunds 的投资者资产配置服务平台（这是一个类似于银行和建筑协会的机构）和零售及机构业务。Cofunds 成立于 2001 年，它不直接与私人投资者打交道，而是提供投资顾问和管理服务，接受客户委托，管理资产组合。

五、平台如何改变战略

在通道业务模式下，波特五力模型中的力量是相对确定和稳定的。传统金融机构对客户和竞争对手都非常了解，供应商、客户和竞争对手的界限非常清晰。在平台模式下，这些界限却随着时间、地理位置甚至技术的发展而迅速移动。

必须要考虑的力量包括以下几种。

- **生态系统内部的力量**。平台参与者——消费者、生产者和提供者，通常会为平台创造价值。如果认为其他公司能更好地满足需求，它们也会离开，甚至自己运营平台，与原有平台竞争。因此参与者的新角色可以是"增值型"的，也可以是"消耗型"的。例如，消费者和生产者可以互换角色为平台创造价值，但用户也可以今天使用金融科技企业的服务，之后，又把资金转移到另一家金融科技众筹公司。平台上的提供商可能是"消耗型"的，特别是如果它们决定与平台所有者竞争的话。平台公司必须不断鼓励生态系统内的"增值性"行为，同时监督参与者可能的"消耗性"行为。

- **生态系统产生的力量**。传统金融机构的管理者可能无法预测来自貌似无关的平台的竞争。成功的平台企业总是积极进入新的领域，可能不发出任何警告就进入一个完全不同的行业，因此，一个平台可以突然变换现有的竞争对手。一种模式下的竞争对手可能来自具有强大网络效应的现有平台，它利用其与客户的关系进入一个行业。就像产品具有自己的特点一样，平台拥有自己的社区，利用这些社区是非常重要的。另外一种模式是，平台收集与一家公司相同类型的数据，然后突袭它所在的市场。当一组数据很有价值，但不同主体控制着不同的部分时，竞争可能来自你认为不可能的方面。

- **重点**。传统金融机构的经理们注重销售的增长，对他们来说，产品和服务（以及所产生的收入和利润）是进行分析的单位。对于平台而言，关注重点却是互动行为，是平台上生产者和消费者之间的价值交换。交换的单位可以很小，甚至没有货币转移。互动的数量和与之相伴的网络效应是竞争优势的最终来源。平台要想实现其战略目标，必须拥有强大的前期设计，它可以吸引参与者，促进正确的互动（所谓的核心互动），并激发越来越强大的网络效应。大多数成功的平台倾向于推出单一类型的互动，这种互动在早期体量较小时往往也能产生很高的价值。

- **治理**。在传统金融机构里，管理人员围绕着消除已有的障碍制定策略。在平台的世界里，防范威胁仍然很重要，但战略的重点转向了消除生产和消费的障碍，以实现价值创造的最大化。为了达到这个目标，平台主管必须明智地选择治理方式。

- **指标**：金融机构的领导人一直专注于一套狭隘的衡量企业健康①的指标。例如，金融机构通过优化流程和解决瓶颈而获得成长，通过一个标准的指标——银行业务净收入，来跟踪资金利润的流入和流出。如果一家公司推出足够多的服务并获得足够的利润，它将获得合理的回报率。但在金融科技领域，管理者有必要考虑其他指标，监视和提高核心交互的性能变得至关重要。这个领域里应该考虑的指标有以下这些。

    ✓ 互动。如果借款人打开一个贷款人的网站，发现没有资金可借，那么平台就无法满足消费者的意愿。类似这样的互动失败

---

① 有意思的是，直到最近才有监管机构出现，迫使金融服务部门使用新的但必不可少的指标。

将直接削弱网络效应。

- ✓ 参与。健康的平台跟踪生态系统成员的参与，通过信息共享和重复访问等活动来增强网络效应。
- ✓ 匹配质量。用户和生产者之间的低质量匹配将削弱网络效应。
- **负的网络效应**。管理不善的平台常常遇到其他类型的问题，这些问题会产生负反馈，降低参与者的价值。例如，不受限制的网络增长会引起拥堵，阻碍参与（如区块链技术的限制）。

最后，平台必须了解其社区的经济价值和网络效应。

六、成功的四个要素

并非每一个从传统金融机构模式向金融科技创新模式的转变都是成功的。为了理解为什么有的企业成功而有的企业失败，参考 Zhu 和 Furr（2016）的有关研究工作是有意义的。在研究了 20 多家试图从产品模式转向平台模式的公司之后，作者指出了四种可以区别赢者与输者的做法。

- 从一个可靠的产品和大规模的用户开始。强大的产品和忠实的客户群可以吸引第三方到你的平台。
- 运用混合商业模式。不要单纯以"产品思维"或"平台思维"来进行运营，要结合这两者才能发现创造价值的最佳机会。
- 推动平台快速转型。如果一个平台能够提供足够的新价值，现有的客户就可能会使用它。这要求其提供的附加服务与品牌一致，而且用户有机会改进产品和平台。
- 阻止竞争性的模仿。让竞争对手难以复制从产品转向平台的策略。企业可以考虑制定专有标准，使用排他性合同，并建立其他竞争壁垒。

七、结论

通过将自身转变为基于平台的数字化金融生态系统，金融机构可以获得很多好处，客户也可以轻松访问包括外部提供商在内的多种个性化产品和服务。客户还可以通过各种有用的方式在金融平台上进行有益的互动。

金融服务平台提供了灵活的架构，使得无法想象的解决方案、产品、服务或技术与这个构架的基础设施进行互动，紧跟潮流且成本低廉。

平台需要新的战略方法和新的领导风格。紧密控制内部资源的方法不适用于培育外部生态系统。

以下这些解决方案可以增加平台的价值。

- 开放编程界面（API）和使用现金的关键技术。除此之外，平台要使用兼容的并且可交互的技术，使结构化数据和非结构化数据都必须被识别、评估和处理。
- 自动化和自我学习算法的结合可以为客户使用个人信息提供有力的支持，这样做还可以更新产品、服务和流程。
- 人工智能可以支持金融服务平台提供有价值的服务。

平台自然地起步于外向型的定位。传统金融机构必须开发出崭新的核心竞争力和观念来设计、管理和扩展现有顶层业务平台。如果不能进行这样的跳跃性变化，即使有着光辉业绩的传统业务管理者也不能驾驭平台。

转型的失败会导致传统金融机构处于危险的境地，对它们来说，最重要的是学习平台世界的战略新规则。

The Future of FinTech
Integrating Finance and Technology in Financial Services

第十一章

结论

　　本书阐述了金融科技行业的状况。它定义了一个模型框架，这个模型可以帮助企业洞察金融科技的创新。初创企业和传统金融机构已经卷入这个具有去中介化特征的创新过程多年。

　　通过分析全球视野下的金融科技产业领域的生态，使得无论是传统金融机构，还是金融科技初创企业都能更好地理解这个产业的发展路径，发现当前经济变化的路径。无论从市场规模还是从投资金额方面看，金融科技都是市场热点。美国（包括硅谷和纽约，虽然这两个生态圈拥有各自的独立核心）和英国目前处在不可动摇的领先位置。中国和日本也扮演着非常重要的角色。遗憾的是，欧洲大陆的发展是落后的。

　　本书阐述了一个源于经济学文献的概念性商业模型。模型由九个部分构成，这九个部分的进步将引领和支持金融科技企业通往充满竞争的成功之路。值得一提的是，本书思考了三个宏观话题：技术、以客户为中心和战略性伙伴关系。前两个话题涉及金融科技企业在构造创新、有效、经济和前瞻性框架过程中采用的流程和资源。

　　本书强调了金融科技初创企业的内在创新态度。金融科技创新是一个全球性的、旨在革新金融服务产业的现象。这一创新的特别之处在于通过不同的商业模式对传统金融机构和保险公司进行去中介化。

　　纯粹的或者边缘地带的创新通过完整的去中介化过程，扮演着一个充满生机的角色。金融科技企业的创新态度是成长的催化剂。有四个方面对于创新是重要的：产品、流程、组织和商业模式。云计算提供了灵活和低成本的基础渠道，支撑着金融科技创新的成功。

本书也在第三章详细分析了这些创新，提供了一些基于变革型技术的观点。

- 目前，消费者将移动 App 视为支付工具，支付已经与移动性紧密相连。创新解决方案是将移动设备转化为金融服务平台。建议企业尽可能利用移动性工具。

- 大数据分析不仅通过成本收益分析，而且通过识别开展业务的新路径和方法，大幅降低了成本。这项技术在时间、质量和成本的维度上改善了决策过程。决策者有机会使用更快的方法分析新数据源，发现新大陆，如新市场、新产品或者新服务。

- 机器人和神经技术已经扩大了用户基础，在提供大量私人金融服务的同时，实现了企业内部流程中的大幅度成本削减。

- 传统金融机构可以考虑在内部培育金融科技创新，或者与市场上的相应伙伴进行合作。

- 在开发业务计划时，金融机构应该在它们的商业模式中进行彻底的创新。这对于传统机构更加重要。通过创新塑造创新文化，拥抱而不是惧怕创新，是成长的关键。

- 区块链技术可以记录交易痕迹，使同一网络用户产生信任，因而具有改变许多领域的潜力，包括金融服务产业。

- 物联网将对保险科技创新产生独特的影响。

对处于变革时期的企业来说，未来将非常有趣，充满机遇，要勇敢尝试！

附　录

缩略语表

The Future of FinTech:
Integrating Finance and Technology in Financial Services

ABI	Associazione Bancaria Italiana	意大利银行
ACH	Automated Clearing House	自动清算所
ADAS	Advanced Driver Assistance Systems	高级驾驶辅助系统
AFI	Alliance for Financial Inclusion	普惠金融联盟
AI	Artificial Intelligence	人工智能
AML	Anti-Money Laundering	反洗钱
API	Application Programming Interface	应用程序编程接口
App	Application（mostly for mobile）	应用软件（多指手机）
ATM	Automated Teller Machine	自动取款机
B2B	Business to Business	企业对企业
B2C	Business to Consumer	企业对个人
BaFin	Bundesanstalt für Finanzdienstleistungsaufsicht	德国联邦金融监管局
BCBS	Basel Committee on Banking Supervision	巴塞尔银行监管委员会
BI	Business Intelligence	商业智能
BMC	Business Model Canvas	商业模式画布
BMI	Business Model Innovation	商业模式创新

（续表）

BPM	Business Process Management	业务流程管理
BTC	Bitcoin	比特币
C2B	Customer to Business	个人对企业
CA	Controlling Authority	控制机构
CB	Commerzbank	德国商业银行
CBA	Commercial Bank of Africa	非洲商业银行
CD	Compact Disk	光盘
CFO	Chief Financial Officer	首席财务官
CIB	Corporate and Investment Banking	企业和投资银行
CIO	Chief Information Officer	首席信息官
CKM	Customer Knowledge Management	客户知识管理
CLV	Customer Lifetime Value	客户终身价值
CPU	Central Processing Unit	中央处理器
CRM	Customer Relationship Management	客户关系管理
	Credit Risk Management	信用风险管理
CSR	Customer Service Representative	客户服务代表
DLT	Distributed Ledger Technology（aka Blockchain）	分布式账簿技术
ECB	European Central Bank	欧洲中央银行
ECM	Enterprise Content Management	企业内容管理
ECN	Electronic Communication Network	电子通信网络
EMV	Europay, MasterCard, and VISA	欧陆卡、万事达和维萨
ERP	Enterprise Resource Planning	企业资源计划
ESA	European Space Agency	欧洲航天局
EU	European Union	欧盟
EY	Ernst & Young	安永公司
FCA	Financial Conduct Authority	金融行为监管局
FINMA（Swiss）	Financial Market Supervisory Authority	瑞士金融市场监督管理局

（续表）

FinTech	Financial Technology	金融科技
FINTRAC	Financial Transactions and Reports Analysis Centre of Canada	加拿大金融交易报告中心
FMA	First Mover Advantage	先发优势
FTE	Full-Time Equivalent	全职人力工时
FX	Foreign Exchange	外汇
GPU	Graphics Processing Unit	图形处理器
HR	Human Resource	人力资源
GSM	General System for Mobile Communication	全球移动通信系统
ICAAP	Internal Capital Adequacy Assessment Process	内部资本充足评估程序
ICR	Intelligent Character Recognition	智能字符识别
ICT	Information and Communications Technology	信息和通信技术
ID	Identification Data	标识数据
IIN	Issuer Identification Number	发行人识别号
IMSI	International Mobile Subscriber Identity	国际移动用户身份
ING	ING-Diba	荷兰国际直销银行
IOU	I Owe You	借条
IPO	Initial Public Offering	首次公开发行股票
IxD	Interaction Design	交互设计
KBA	Knowledge-Based Authentication	基于知识的认证
KPI	Key Performance Indicator	关键绩效指标
KYC	Know Your Customer	了解你的客户
LAN	Local Area Network	局域网
MFI	Microfinance Institution	微金融机构
MNO	Mobile Network Operator	移动网络运营商
MVP	Minimum Viable Product	最简化可行性产品
NASA	National Aeronautics and Space Administration	美国国家航空航天局
NFC	Near-Field Communication	近场通信

（续表）

NIST	National Institute of Standards and Technology	美国国家标准与技术研究所
NLP	Natural Language Processing	自然语言处理
OCR	Optical Character Recognition	光学字符识别
OEM	Original Equipment Manufacturer	原始设备制造商
OTC	Over the Counter	场外交易
P2P	Person to Person or Peer to Peer	个体对个体
PC	Personal Computer	个人用计算机
PCI DSS	Payment Card Industry Data Security Standard	支付卡产业数据安全标准
PDCA	Plan-Do-Check-Act	计划-实施-检查-行动
PED	Project Entropia Dollars	安特罗皮亚世界的游戏币
PEM	Personal Finance Management	个人财务管理
PII	Personal Identifying Information	个人识别信息
POS	Point of Sale	POS 机
PPC	Pay per Click	点击付费
PSE	（EU）Payment Services Directive	（欧盟）支付服务指引
PwC	PricewaterhouseCoopers	普华永道公司
ROI	Return on Investment	投资回报率
S2S	Service to Sale	服务销售
SDK	Software Development Kit	软件开发工具包
SDM	Secure Domain Manager	安全域管理器
SEO	Search Engine Optimization	搜索引擎优化
SEPA	Single European Payment Area	单一欧洲支付区
SG & A	Selling, General, and Administrative Expenses	销售、日常及管理费用
SIFIs	Systematically Important Financial Institutions	系统性重要金融机构
SIM	Subscriber Identity Module	用户身份模块
SMEs	Small- and Medium-Sized Enterprises	中小企业
	Subject Matter Experts	主题专家
SMS	Short Message Service	短信服务

（续表）

STP	Straight-Through Processing	直通式处理
TAM	Technology Acceptance Model	技术接受模型
TCO	Total Cost of Ownership	拥有总成本
TSM	Telecommunication Management System	电信管理系统
UBI	Usage-Based Insurance	基于用量的保险
UI	User Interface	用户界面
UICC	Universal Integrated Circuit Card	通用集成电路卡
UN	United Nations	联合国
UPC	Universal Product Code	通用产品代码
USC	Utility Settlement Coin	功能结算币（一种新型数字货币）
VC	Venture Capital	风险资本
	Virtual Currency	虚拟货币
VoC	Voice of the Customer	客户的呼声
VoIP	Voice over Internet Protocol	互联网语音协议